켈트 그리스도
창조세계의 치유

켈트 그리스도
창조세계의 치유

2013년 1월 20일   초판 1쇄

지은이 / 존 필립 뉴엘
옮긴이 / 장윤재
펴낸이 / 정지강
펴낸곳 / 대한기독교서회
편집책임 / 하미자

등록 / 1967년 8월 26일 제1-77호
주소 / 135-090 서울시 강남구 삼성동 169-1
전화 / 출판국 553-0873~4, 영업국 553-3343
팩스 / 출판국 3453-1639, 영업국 555-7721
e-mail / cls1890@chol.com
         edit1890@chol.com
http://www.clsk.org

직영서점 / 기독교서회
종로 5가 기독교회관 1층, 전화 744-6732~4, 팩스 745-8064

값 8,800원 책번호 1990
ISBN 978-89-511-1649-0 93230

Christ of the Celts: The Healing of Creation
by J. Philip Newell
tr. by Chang Yoon Jae
Copyright ©2008 J. Philip Newell First published 2008

All rights reserved
Korean translation copyright
©2013 by The Christian Literature Society of Korea, Seoul
Printed in Korea

이 책의 한국어판 저작권은
저작권자와의 독점 계약으로 대한기독교서회에 있습니다.
저작권법에 따라 한국 안에서 보호를 받는 저작물이므로
무단 전재와 무단 복제를 금합니다.

켈트 그리스도
창조세계의 치유

존 필립 뉴엘 지음

장윤재 옮김

대한기독교서회

태양의 집 공동체에게

자신의 필요를 아는 자는 복이 있나니
그들은 하늘의 은총을 받을 것이다.

겸손한 자는 복이 있나니
그들은 신성한 땅과 가까울 것이다.

슬피 우는 자는 복이 있나니
그들의 눈물이 닦일 것이다.

용서하는 자는 복이 있나니
그들은 자유롭게 될 것이다.

땅의 단일성에 주린 자는 복이 있나니
그들은 배부를 것이다.

마음이 깨끗한 자는 복이 있나니
그들은 살아계신 분의 현존을 볼 것이다.

옳은 것을 위해 고난 받는 자는 복이 있나니
그들은 하늘의 힘을 얻을 것이다.

평화를 만드는 자는 복이 있나니
그들은 하나님의 자녀가 될 것이다.

- 『태양의 집 예수의 축복』(*The Casa del Sol Blessings of Jesus*) 중에서

옮긴이 말

　요즘 '힐링'(healing)이라는 말이 유행이다. 그만큼 상처 입은 사람들이 많다는 방증일 것이다. 이 책도 힐링, 즉 치유에 관한 내용이지만 '창조세계의 치유'를 다룬다. 지은이는 이웃과 세상을 외면하고 나 홀로 구원을 추구하는 종교를 비판한다. 물질세계와 분리된, 현실을 초월해 얻으려는 구원에 대해 문제를 제기한다. 내 이웃이 고통 받고 있는데, 지구가 산산이 부서져 신음하는데, 어떻게 나만 치유되고 구원받았다고 말할 수 있겠는가?
　켈트 그리스도교 영성에서 그리스도는 인간을 세상에서 떼어내 구원하는 존재가 아니다. 반대로 창조세계 안에서 하나님과의 거룩한 소통으로 인도하는 분이다. 아우구스티누스는 인간은 본질적으로 타락한 존재며, 원죄는 성교를 통해 옮겨지는 바이러스와 같다고 봤다. 이런 생각은 당연히 물질세계와 몸에 대한 불신을 초래했고, 물질과 몸은 인간과 특히 남성에 의해 정복돼도 되는 존재로 전락한다. 하지만 켈트 그리스도교 영성의 핵심은, 그리스도는 타락한 세계의 흉한 모습을 보여주러 오신 분이 아니라 그 남루한 모습 아래에 감춰져 있는 본래의 아름다움을 밝혀주기 위해 오신 분이라는 것이다. 인간 존재의 중심에는 하나님의 형상과 생명의 신성함, 그리고 관계와 조화에 대한 깊은 갈망이 있다. 그걸 직시하고 긍정하는 것에서 참된 치유는 시작된다.

    켈트(Celt)인들은 '최초의 유럽인' 혹은 '유럽 원주민'으로 불린다. 그들은 기원전 5-6세기에 출현하여 한때 서유럽 전체를 지배했으나 로마인들에게 밀려 오늘의 유럽 북서쪽 영국제도로 쫓겨났다. 하지만 현재 서유럽 문화의 지표층을 한 꺼풀 벗겨내 보면 그 밑바닥에는 여전히 켈트 문화가 살아 숨 쉬고 있다. 켈트인들은 로마인들과 달리 논리보다 상상력이 강하고, 합리성보다 감성이 풍부했으며, 환상과 해학 그리고 시와 비논리성을 혼합한 독특한 문화를 꽃피웠다.

이러한 켈트 문화는 그리스-로마 문화와 함께 오늘날 서구 문화에 양분을 공급해주는 두 뿌리 중의 하나다. 그리스-로마 신화가 20세기 이전 서구 문학의 대문호들에게 영감을 주었다면, 21세기에 이르러 켈트 신화는 우리에게 익숙한 C. S. 루이스의 『나니아 연대기』, R. R. 톨킨의 『반지의 제왕』, 어슐러 K. 르귄의 『어스시의 마법사』, 로버트 E. 하워드의 『코난 더 바바리안』, 조엔 K. 롤링의 『해리 포터』 시리즈 등 오늘날 서구 판타지 문학의 새로운 상상력의 시원(始原)이 되고 있다.

　켈트인들의 신화에서 가장 중요한 것은 자연이다. 그들에게 자연은 신성한 것이었다. 늪은 사악했고, 번개가 일으킨 불은 신성했다. 나무는 땅과 하늘을 잇는 다리였고, 숲은 신이 사는 집이었다. 그래서 켈트인들은 모든 생명체와 사물을 존중했다. 켈트 신화에 나타난 켈트인들의 세계관은 이원론적이지 않았다. 이들은 이 세계와 또 다른 세계가 존재한다고 확신했지만, 그 세상은 이 세상과 단절된 곳이 아니라 하나로 연결된 세계였다.

　로마의 군사적 정복에 뒤이어 켈트인들에 대한 그리스도교 선교가 이루어졌다. 하지만 성 패트릭(St. Patrick)이나 성 콜룸바(St. Columba)와 같은 그리스도교 선교사들은 켈트의 토착문화와 영성을 근절시키기보다 포용하는 지혜를 발휘했다. 그래서 '요정의 샘물'은 그리스도교적으로 영생에 이르는 '성스러운 샘물'로 재해석됐으며, 거룩한 돌들은 교회의 제단이 되거나 교회당 벽의 일부가 되었다. 이렇게 이교적(異敎的) 켈트 문화 안으로 그리스도교 복음이 성공적으로 토착화한 산물이 '켈트 그리스도교 영성'이라 할 수 있다.

켈트 그리스도교 영성의 가장 중요한 특징은 창조세계에 대한 깊은 존중과 사랑이다. 이들에게 창조세상은 선하고 아름다웠다. 그 안에 하나님이 계시기 때문이다. 켈트 그리스도인들에게 하나님은 분명 '타자'이고 그 끝을 알 수 없는 영원한 신비다. 그럼에도 이 위대한 하나님이 사람들과 만물 속에 깊이 내재해 계신다. 켈트 그리스도인들은 이것을 '허드'(hud)라 불렀다. '모든 사물 안에 있는 신적인 것의 내주(內住)'라는 뜻이다. 켈트 그리스도인들이 창조세계를 깊이 존중하고 사랑했던 이유는 바로 이 허드에 대한 경외심 때문이었다.

지금까지 영성(spirituality)은 일반적으로, 이 세상과 현실에서 멀어지는 것으로 여겨졌다. 하지만 켈트 그리스도교 영성은, 하나님은 창조세계에서의 도피가 아니라 거꾸로 그 안에서 찾아질 수 있으며, 하나님을 만나려면 사다리를 타고 땅으로, 현실로 내려와야 한다고 말한다. 이러한 영성은 근대 물질주의와 종교적 이원론에 의해 상처받고 신음하는 창조세계를 치유하는 데 큰 힘이 될 것이다.

사실 지은이는 새로운 그리스도교를 제안하고 있다. 사람들을 정죄하고 편 가르는 종교, 지구의 생명체들은 다 망해도 인간만은 구원받을 수 있는 것처럼 말하는 교리가 아니라 모든 생명을 따뜻이 긍정하고 품는 새 그리스도교를 제안하고 있는 것이다. 상상력이 풍부한 켈트 그리스도인들은 성서 중에서 특히 시편을 좋아했다고 한다. 시편에는 "산이 어린 양처럼 뛰어오르는" 혹은 "강이 손뼉을 치는" 등의 문학적 이미지가 풍부하다. 이런 켈트인들의 신앙은 성서를 문자적 혹은 근본주의적 시각으로밖에 읽지 못하는 편협한 현대 그리스도인들과, 과학적 사실도 문자적으로밖에 받아들이지 못하는 많은 현대인들에게 우리가 사는 이 세계를 신비적, 상징적, 신화적으로 볼 수 있는 영적인 눈을 선물한다. 그래서 켈트 영성은 오늘의 전 지구적 생명의 위기에 응답할 수 있는 소중한 신학적 자산의 하나다.

2017년이면 종교개혁 500주년이다. 교회가 제 기능을 잃고 삿된 길로 나아가고 있는 이즈음, 이 책이 당대의 그리스도교를 근원적으로 성찰하고 새로운 길을 여는 데 작은 씨앗이 되길 바란다. 이 책을 출판해 주신 대한기독교서회 정지강 사장님, 서진한 상무님, 하미자 차장님께 감사한다. 그리고 초고를 읽어준 제자들, 특히 안주영에게 깊은 고마움을 전한다. 늘 부족한 나를 사랑으로 감싸주는 가족들에게도 고마움을 전한다.

2013년 새해 서설(瑞雪)로 가득한 이화 뜰에서
장윤재

 차례

옮긴이 말	....	6
서곡	....	13
제1장 그 노래의 기억	....	27
제2장 잊혀진 멜로디	....	43
제3장 지구의 리듬	....	57
제4장 텅 빈 음표	....	73
제5장 사랑의 음성	....	87
제6장 피리 부는 사람에게 값 지불하기	....	103
제7장 우주의 찬송	....	119
제8장 깨어진 박자	....	133
후주	....	149

서곡

오늘날 사람들의 영혼 속에는 평화에 대한 갈망이 있다. 그 갈망은 우리 안에, 우리 사이에, 그리고 우리 삶의 가장 중요한 관계 안에 있다. 그 갈망은 하나의 민족이자 전 지구 공동체인 우리 가운데 있다. 하지만 평화에 대한 우리의 갈망은 역사적으로 목격된 바 가장 위협적인 국면에 직면해 있다. 그것은 공포와 파편화라는 위협이다. 이 힘은 오늘날 이 세계의 가장 강력한 정치권력과 종교적 근본주의와 결합되어 있다. 하지만 나는 여전히 우리 영혼의 더욱 깊은 곳에 평화를 향한 갈망이 있다고 믿는다.

몇 달 전, 나는 뉴멕시코 주의 고원 지대 한가운데에 있는 태양의 집(Casa del Sol) 휴양소에 100여 명의 사람들을 초대해 평화를 위한 기도회를 가졌다. 우리는 가족 간의 화해에 대한 갈망으로부터 지구의 몸에 우리가 범하고 있는 일에 대한 반성에 이르기까지 여러 가지 문제를 놓고 찬송을 부르며 기도를 했다. 그리고 상징적인 행위로 마당 한가운데 피워놓은 불 속에 나뭇가지를 넣는 순서를 가졌다. 그때 열한 살 먹은 한 소년이 제일 먼저 나아와 우리 귀에 들리도록 이렇게 말했다. "사람들은 애들이 평화 생각은 하나도 안 한다고 여기는 것 같아요. 하지만 저도 세상의 평화를 만드는 일에 함께 하고 싶어요." 그러더니 나뭇가지를 불꽃 속으로 던져 넣었다.

나는 이 아이의 말이 유별난 것이었다고 생각하지는 않는다. 나는 그 말이 인간 영혼의 아주 깊은 어떤 곳으로부터 나왔다고 믿는다. 그곳은 우리와 멀어진 곳일 수 있다. 삶의 경험과 분리가 가져다준 고통과 괴로움에 의해 딱딱하게 굳어버린 곳일 수 있다. 그럼에도 그곳은 우리의 존재 중심 저 심층에 있다. 그곳은 그리스도인에게만 있는 것도 아니요, 무슬림이나 유대인들에게만 있는 것도 아니다. 그곳은 인간이라면 누구나 다 가지고 있다. 그곳이야말로 희망의 근거다. 하지만 어떻게 해야 그곳과 소통할 수 있을까? 우리의 삶은 물론 세계를 치유하려면 도대체 그곳을 어떻게 해방할 수 있을까?

오늘날 그리스도인들 사이에 환멸이 만연해 있다. 내가 그리스도인이라고 말할 때에는 단지 교회에 다니는 사람들만을 가리키는 게 아니다. 그리스도인들의 가족 혹은 그리스도교 문화 속에서 자랐으나 교회와는 별 상관없이 살기로 한 훨씬 많은 사람들까지 다 포함된다. 이들은 그리스도교가 제공하는 것에 많이 절망한다. 그리스도교의 많은 가르침과 실제의 행동은 인간 영혼의 가장 깊숙한 곳에 있는 갈망과 전혀 무관해 보이거나 아예 반대돼 보이기까지 한다. 왜 그럴까? 그 중 한 가지 이유는 우리가 우리의 내면 가장 깊은 곳으로부터 우러나오는 갈망을 성스러운 것으로 보기보다 오히려 불신하도록 배워서는 아닐까? 또한 그리스도께서 이 땅에 오신 것은 그가 우리의 가장 깊은 곳에 있는 욕구를 보살피고 치유하기보다 오히려 억제하거나 부인하기 위해서 오셨다고 배워서는 아닐까?

그리스도교 역사상 핵심적인 전환기에 있어서 큰 통찰력을 보여준 그리스도교의 스승들은 "오늘 그리스도는 우리에게 누구신가?"를 물었다. 독일의 디트리히 본회퍼(Dietrich Bonhoeffer) 목사가 나치 독일의 끔찍한 악, 그 한가운데에서 던진 질문은 "그리스도는 항상 어떤 분이셨는가?"가 아니라 "지금 그리스도는 우리에게 누구신가?"였다. 오늘날 우리 역시 변화의 시기, 혹은 무언가 심각하게 잘못된 시기를 살고 있다. 우리는 시대의 변화 한복판에 있다. 이전까지만 해도 우리는 한 번도 이 땅이 하나로 연결되어 있다는 것을 인식한 적이 없었다. 비록 세상에서 가장 막강한 권력을 휘두르는 정치와 종교 지도자들은 이를 인정하지 않았지만 말이다.

하지만 지금 자라나고 있는 새로운 의식은 모든 생명이 하나로 어우러져 있으며, 실재(實在)는 서로 영향력을 주고받는 하나의 그물망이고, 우리가 이 그물망의 한 부분에 행하는 것이 곧 전체에 행하는 것이라는 의식이다. 그렇다면 오늘날 이렇게 인간의 영혼 안에서 꿈틀거리고 있는 새로운 각성과 갈망에 대해 우리의 위대한 그리스도교 전통은 무어라 말하고 있는가? 과연 우리는 이 새로운 의식에 반대하거나 무관심해 하기는커녕 오히려 그것을 이끌어갈 수는 없을까?

4세기에 이르러 그리스도교가 로마제국의 종교가 되었을 때였다. 교회는 그리스도에 관한 넘치도록 많은 기록물들 가운데 '신약성서'로 알려지게 된, 엄격하게 제한된 기록들만 경전으로 인정하게 되었다. 제국은 교회를 압박해 종교적 가르침을 국가가 수용할 수 있는 한에서만 국한하도록 하였다. 이 과정에서의 비극은 그리스도에 대한 많은 저작들이 파괴되거나 분실되었다는 점이다. 하지만 일부 남아 있고, 『도마복음서』와 같이 숨겨진 필사본들은 근대 세계에 이르러 그리스도를 색다른 시각으로 보는 길을 우리에게 열어주었다. 이러한 필사본들 가운데에 『요한행전』(*The Acts of John*)이 있는데, 이는 2세기의 문서로서 생명의 일치에 대한 새로운 의식은 물론이요, 평화에 대한 갈망도 포함하고 있다.

『요한행전』에는 최후의 만찬에 대한 기술이 들어 있다. 식사가 끝나갈 즈음 예수께서는 제자들을 불러 둥그렇게 원을 만들어 다 함께 간단한 히브리 원형 춤을 추었다. 예수께서는 원 한가운데 서서 이렇게 말씀하신다. "내가 피리를 불어 주마, 너희 모두는 춤을 추어라! … 내가 애통해 하마, 너희 모두는 슬피 울어라!"[1] 그의 말씀은 생명의 춤을 가리킨다. 그의 말씀은 또한 그 춤의 흐트러짐과 그 불협화음이 가져오는 고통을 가리킨다. "온 우주가 덩실덩실 함께 춤을 추는구나!"라고 예수께서는 말씀하신다.[2] 지금 예수께서는 생명의 중심에 있는 어떤 조화에 대해 얘기하고 있는 것이다. 만물과의 관계성 안으로 들어가는 어떤 길을 가리키고 있는 것이다. 비록 하나 됨이라는 관계성 안에서 살아갈 때 치러야 할 대가가 무엇인지 예수 자신도 훤

---

1) J. K. Elliot, ed., *The Apocryphal New Testament*(Oxford: Oxford University Press, 1999), 319.
2) *Ibid*.

히 알고 있었지만 말이다.

그리스도께서 생명의 일치 안으로 우리를 더욱 깊이 인도하신다는 믿음은 고대 켈트 세계에서 깊이 신봉되었던 믿음이기도 하다. 나는 앞서 오늘날 평화에 대한 새로운 갈망이 우리 안에 있음을, 그리고 지구의 단일성(oneness)에 대한 의식이 점점 깨어나고 있음을 이야기한 바 있다. 그런데 이러한 갈망은 고대에도 존재했던 갈망이기도 하다. 또한 영원한 지혜이기도 하다. 인간의 위대한 영적 전통들은 하나같이 우리 존재의 근원이자 우리가 갈망해 마지 않는 그 단일한 분(Oneness)을 가리켜 왔다. 이에 대해 켈트 전통도 그리스도에 대한 사랑을 통해 그것을 가리켜왔다. 그리스도는 우리를 이 세계로부터, 그리고 다른 인간으로부터 분리시키시는 분이 아니다. 오히려 생명의 기반, 즉 만물의 유래가 된 그분과의 새로운 관계 속으로 우리를 인도하시는 분이다.

이런 까닭에 오늘을 사는 우리에게 켈트 전통은 소중하기 그지없다. 물론 이 말은 우리 모두가 켈트 그리스도인이 되어야 한다는 뜻은 아니다. 만약 그렇다면 우리 모두가 로마 가톨릭 혹은 여호와의 증인이 되어야 한다고 말하는 것처럼 터무니없는 말이 될 것이다. 그런 표현들은 과거에 행해진 구분으로서 우리를 분리시키는 데에 사용되었을 뿐이다. 오늘날 우리에게 필요한 것은 우리의 기원의 단일성을 상기시켜주고 나아가 우리 가운데 일어나고 있는 평화에 대한 갈망을 북돋아주는 통찰력이자 영적 수행인 것이다. 그러한 것들을 우리에게 제공해 주는 것은 다름 아닌 켈트 전통이다. 물론 켈트 전통은 이것과 아울러 생명의 기반 그 자체를 흔드는, 우리 안에 그리고 우리 사이에 있는 불일치를 깊이 인식하고 있다. 켈트 전통은 결코 악이 지닌 파괴적인 힘을 소홀히 취급하는 순진한 전통이 아니다.

나는 이 책에서 그리스도 이후로부터 오늘에 이르기까지 전 기간에 걸친 자료들을 다양하게 사용할 것이다. 그 중 몇몇 자료들은 『요한행전』이나 『요한의 비밀서』(The Secret Book of John)와 같이 역사적으로 감춰져 있었거나 우리의 시야에서 벗어나 있었다. 신약성서의 요한복음과 같은 책들은, 4세기 그리고 그 이후로 제국의 요구에 의해 채색된 렌즈를 통해 그리스도를 보긴 했지만, 그래도 언제나 우리 가까운 곳에 있었다. 한편, 켈트 전통은 예수께서 특별히 사랑하신 한 제자에 대한 기억을 품고 있다. 요한은 최후의 만찬 때 예수님의 품에 기대어 있었던 사람으로서 하나님의 심장박동 소리를 들을 수 있었다. 이런 이유로 요한은 생명 안에서 하나님이라는 현존이 고동치는 소리를 듣는 것에 대한 하나의 표상으로 존재해 왔다. 그래서 나는 이 책에서 예수님의 사랑을 받던 요한과 1세기 소아시아에 있었던 그의 공동체와 연관된 기록들을 자료로 사용할 것이다. 여기에는 경전뿐만 아니라 비(非)경전 문서들과 전설문학들도 포함될 것이다.

이러한 자료들 외에도 나는 요한과 그의 기억들로부터 많은 것을 이끌어낸 켈트 세계의 위대한 스승들의 자료들도 참고할 것이다. 여기에는 일찍이 2세기 갈리아(Gaul)에 살았던 이레네우스(Irenaeus)와 19세기의 에리우게나(Eriugena) 그리고 20세기 프랑스의 떼이야르 드 샤르댕(Teilhard de Chardin)도 포함될 것이다. 이 스승들은 오랜 세월 서양의 정통교회로부터 반발을 사왔다. 이유인즉 그리스도와 창조세계 사이의 본질적인 조화를 강조했기 때문이다.

나는 제1장 "그 노래의 기억"에서 우리가 망각한 것을 다시 떠올려 주는 존재로서의 그리스도라는 켈트 그리스도 이미지를 탐구할 것이다. 그리스도는 우주적 춤과 만물 깊숙한 곳에 있는 조화를 기억하신다. 또한 우리가 누구인지를 기억하신다. 그는 우리에게 생경한 진리가 아니라 인간의 영혼 깊숙한 곳에 애초부터 감춰져 있었던 어떤 진리를 보여주신다. 그는 오셔서 우리를 잠에서 깨우시고 우리로 하여금 우리 자신과 만물 안 깊은 곳에 내재된 관계성 안으로 우리를 부르신다. 여기서 강조되는 점은 우리가 우리 자신이 아닌 다른 무언가가 되는 것이 아니라 진정 우리 자신이 되는 것이다. 그리스도께서는 우리 앞에 우리의 존재와 만물의 거룩한 뿌리를 들추어 보여주신다. 이것은 우리가 우리 자신과 서로를 어떻게 보는지 그리고 우리가 우리 자신과 만물 안에 있는 심오하기 그지없는 힘에 어떻게 다다를 수 있는지에 관해 엄청난 의미를 함축하고 있다. 이는 우리를 민족으로서, 개인으로서, 그리고 하나의 지구 공동체로서 부르시어 함께 생명의 춤을 추게 하며, 또 앞으로 나아가야 할 길의 방향을 바꾸게 해준다.

그리스도께서 '만물 안에 있는 조화에 대한 기억'이라고 말함은 기나긴 세월 동안 그리스도교 사상과 실천을 지배해 온 숱한 전통적 가르침에 의문을 던지는 일이다. 우리는 우리와 모든 생명이 하나의 근원에서 나왔다는 진리를 무시해왔다. 그래서 만물은 저마다 그 안에 태초의 울림을 간직하고 있다는 진리를 무시해왔다. 이런 까닭에 나는 제2장 "잊혀진 멜로디"에서 서구 그리스도교 사상에서 지나치게 우세한 위치를 점하고 있는 '원죄'라는 교리가 그 우주적 춤을 북돋우기보다 어떻게 우리 안에서 그리고 우리의 사이에서 불일치를 조장해왔는지를 탐구할 것이다. 원죄라는 교리는 인간 영혼의 저 심층에 무언가 본질적으로 하나님과 반대되는 것이 있는 듯한 인상을 심어주었다. 따라서 이에 대한 전통적인 답변은 시종일관 우리의 본질이 변화되어야 한다는 것이고, 이러한 답변은 우리를 다른 인간 그리고 다른 피조물과의 질서에서 어긋나게 만들었다. 하지만 켈트 전통에서 그리스도는 우리에게 오셔서 우리에게 그 잊혀진 곡조를 기억하게 하시는 분이다. 아득히 먼 곳에서 들려오는 어떤 낯선 곡조가 아니라 우리가 잊어버린, 하지만 우리와 본래 아주 친근한 곡조를 기억하게 하신다. 우리 존재와 모든 존재의 중심에 있는 바로 그 곡조를 말이다.

제3장 "지구의 리듬"에서는 우주가 영원한 존재의 자궁에서 나왔다는 켈트의 믿음에 주목할 것이다. 성서의 맨 앞에 나오는 창조 이야기는 먼 옛날 일어난 어떤 사건을 가리키는 것이 아니다. 그것은 우주 안에서 영원히 펼쳐지는 생명의 신비를 가리키고 있으며, 나아가 온 만물이 유래한 우주의 중심을 가리키고 있다. 따라서 물질은, 그것이 비옥한 땅의 촉촉한 물질이든, 불타는 항성에서 폭발하는 물질이든, 물질세계로부터 어딘가 멀리 떨어진 곳에 계신 조물주가 움직이도록 만들어 놓은 불투명한 물체가 아니다. 창조세계의 물질은 하나님의 신비롭고 그지없는 깊음으로부터 잉태된, 거룩하고도 살아 있는 에너지다. 우주는 하나의 단일한 유기체이고 그 안에 태고의 리듬을 품고 있다. 우주는 하나로 고동치는 한 몸인 셈이다. 그리스도는 우리를 그 춤 속으로 다시 데려가려고 오신다. 그분 안에서 우리는 만물의 중심으로부터 들려오는 고동소리를 듣는다.

제4장 "텅 빈 음표"에서는 오늘날 그 우주적 춤을 가로막고 있는 또 다른 전통적 교리를 탐구한다. 그것은 곧 '무(無)로부터의 창조'라는 교리, 즉 하나님께서 무(無)에서 세상을 창조하셨다고 하는 교리다. 하지만 켈트의 위대한 스승들은 창조가 무로부터 나오지 않았다고 아주 오래전부터 계속 설파했다. 대신 '하나님으로부터' 나왔다고 말했다. 물질이 무로부터 만들어졌다고 믿는 것은 마치 우주의 기초적 음표 혹은 요소가 텅 비어 있는 것처럼, 그리고 물질 안에는 하나님이라는 존재의 음성이 전혀 없다는 식으로 말하는 것과 같다. 이 말은 정확히 4세기 제국의 종교에서 즐겨 말하던 투다. 이 말은 신성로마제국으로 하여금 – 이후 서구 제국들에게 허용했던 것과 마찬가지로 – 물질을 착취하고 다른 나라들과 민족들을 지배하도록 만든 말이다. 아울러 이 말은 여성적인 것은 물론, 물질적인 것, 그리고 회복으로 이끄는 인간 본연의 에너지를 종속적인 위치에 놓는 결과를 낳았다. 이와 달리 켈트 전통에서 그리스도는 우리에게 물질도 중요하다는 것을 보여주시기 위해서 오신다. 우리가 물질을 존중하는 태도를 배워야만 창조세계는 구원을 받을 것이다. 그 물질이 인간의 몸이든, 지구의 몸이든, 혹은 몸 정치(body politics)든, 나아가 우리가 자주적인 민족으로서 서로 어떻게 관계를 맺든, 우주의 기저에 울리는 음에 생명을 부여하는 이는 바로 성령이다.

그리스도는 물질세계 밖으로 우리를 인도하시는 분이 아니다. 거꾸로 우주의 요소 안으로, 그리고 매일의 삶과 관계성 안으로 깊숙이 인도하신다. 그는 우리에게 이 우주에서 가장 강한 음은 사랑이며 합일(union)에의 갈망임을 일러주신다. 그래서 제5장 "사랑의 음성"에서 나는 사랑이야말로 생명의 고동이라는 켈트의 믿음에 대해서 탐구하려 한다. 그 고동은 우주가 펼쳐질 때 최초로 울려 퍼진, 이를 데 없이 힘찬 소리였다. 사랑은 만물의 중심 안에서 진동한다. 켈트 전통에서 그리스도는 우리를 향한 하나님의 열정을 보여주시는 분이다. 십자가는 그 사랑의 그리고 단일성에 대한 욕구의 현현 혹은 표시다. 그것은 진노하는 하나님을 진정시키려는 어떤 것이 아니라 하나님이 누구신지를 드러내주는 표시이다. 그래서 켈트 전통에서 십자가는 우리의 가장 깊숙한 곳에 있는 어떤 것을 드러내 준다고 말할 수 있다. 만물의 중심이신 그분을 드러내줌으로써 그리스도는 우리에게 우리 존재의 중심을 드러내주신다. 십자가는 우리가 사랑 안에서 다른 사람을 위해 우리 자신을 내어줄 때 진정 참된 자아에 이를 수 있음을 보여준다. 바로 이때 우리는 자신을 진정 발견하는 일에 최대한 근접하게 된다. 온 우주는 하나님이 자신을 내어주신 것이다. 서로 사랑하는 만큼 우리는 그 위대한 춤 안에서 우리의 자리를 찾을 것이다.

제6장 "피리 부는 사람에게 값 지불하기"는 서구 그리스도교의 유산 안에 있는 또 다른 주요 불협화음에 관한 탐구이다. 그것은 하나님이 우리의 죄를 용서하기 위해서는 반드시 대가가 필요하다는 견해이고, 십자가는 죄 있는 인간을 구원하기 위한 피의 희생의 한 유형이라는 견해이다. 그런데 이는 사랑이 무엇인지에 대해 우리가 알고 있는 것과 정면으로 상치되는 생각은 아닐까? 한번 우리의 삶에서 우리를 진정으로 사랑한 사람들을 생각해보라. 과연 그 사람들이 용서해 준답시고 변상을 요구하겠는가? 그럼에도 그리스도의 죽음이 우리 영혼의 생명을 위해 치러진 대체 변상이라고 보는 '대속'(代贖)의

교리가 그리스도교의 가르침과 실천에 있어서 중심적 자리를 차지해 왔다. 사랑이 아니라 심판이 우주적 멜로디의 가장 강한 음표라는 인상을 우리에게 심어 왔다. 피리를 부는 분이 자신의 곡조를 바꾸기 위해서 우리에게 값을 치르라고 요구한다는 인상을 주어온 것이다. 하지만 이것은 인간 영혼 안에 있는 가장 깊은 음성이 분리이고 보복이라는 인상만 줄기차게 낳았을 뿐이다. 또한 우리 자신보다 더 깊은 곳에 있는 평화에 대한 우리의 갈망만 침식해 왔을 뿐이다.

제7장 "우주의 찬송"은 우리와 만물이 참여하고 있는 한 노래에 대한 탐구이다. 그것은 우주적이며 인격적인 노래이다. 그 노래는 거대하면서도 친근하다. 물질의 중심에는, 우주의 모든 원자의 중심에는 영원하신 그분의 현존이 있다. 그분은 우리 각자의 이름을 불러주시는 현존이다. 땅에 깊이 뿌리를 내리고 있던 고대 켈트인들의 높은 십자가들은 그리스도와 창조세계가 불가분한데 뒤섞여 있다는 믿음을 표현한다. 켈트 십자가에서는 두 개의 이미지가 결합해 하나의 모습을 만든다. 그리스도는 십자가로 대표되고 창조세계는 십자가 가운데 있는 원으로 대표된다. 이 둘은 하나다. 그들은 같은 중심을 공유한다. 그들은 같은 점에서 나온다. 즉 하나님이라는 존재의 중심으로부터 나온다. 그러므로 우리가 창조세계와의 관계 안으로 더욱 깊이 들어갈수록, 그리고 우리 자신과 또 우리 사이로 더욱 침잠할수록 우리는 그리스도를 체현하고 있는 인격적 현존에 더욱 가까이 다가가는 것이다. 우주에 울려 퍼지는 찬송은 저 우주만큼이나 거대하다. 그것은 가장 가까운 사이처럼 친밀하다. 우리 한 사람 한 사람은 우리를 아주 사랑하시는 분과 함께 춤을 추는 파트너라 할 수 있다.

제8장 "깨어진 박자"에서 나는 개인의 구원이라는 교리가 어떻게 우리로 하여금 우주가 하나라는 감각을 회복함에 있어 걸림돌이 되는지 탐구한다. 그 교리는 여타의 부분이 잘못되든 말든 어떤 부분은 완전할 수 있다는 인상을 준다. 그것은 마치 내 아이가 고통을 받아도 나는 괜찮은 것처럼, 혹은 우리의 국가가 거짓될 때에도 나에게는 아무런 문제가 없는 것처럼, 혹은 지구의 몸이 오염되어도 인류가 건강할 수 있는 것처럼 말하는 것과 똑같다. 완전함은 고립을 통해 오지 않는다. 그것은 전체와의 관계성을 통해서 온다. 그러므로 우리가 "오늘 그리스도는 우리에게 누구신가?"라는 질문에 대해 그리스도는 우리 개인의 영혼의 구세주라는 전통적인 가르침으로 답하는 것은 점차 의미를 잃어간다. 도대체 어떻게 실재(實在)라는 하나의 천에서 실이 한 가닥 풀려 나왔는데도 그것을 두고 완전하다고 말할 수 있는가? 나의 안녕은 오직 우리 모두의 안녕과 만물의 안녕의 관계성 안에서만 나올 수 있다. 우리는 지금 새로운 구원을 찾도록 초대되었다. 그것은 서로 간의 분리를 통해서가 아니라 서로를 통해 그리고 서로와 함께 주어질 것이다. 이것이 우리가 예로부터 참여하고 있는 온전성(Wholeness)이라는 것이다. 그것은 전체로부터 뜯겨져 나온 단속적인 박자가 아니라 하나의 우주적 찬송에로의 회복이 될 것이다.

들고 있던 나뭇가지를 점점 커져가는 불길 속에 던져 넣었던 그 아이는 이러한 회복을 나타내는 하나의 표시다. 그 아이의 바람은 오늘 모든 인간의 영혼 안 깊은 곳에서부터 울려나오고 있는 바람이기도 하다. 과연 그리스도인들은 우리의 안과 서로의 안에 있는 그 바람에 불을 붙이는 데 참여할 것인가, 아니면 그것을 무시할 것인가? 과연 우리는 겸손한 마음으로 우리 자신을 다시 생명의 대지 안으로 정착시킬 것인가, 아니면 우리의 갈 길은 기본적으로 분리라고 계속 주장할 것인가? 그 결말은 엄청날 것이다. 더 큰 조화를 향한 움직임이 되거나 아니면 더 깊이 깨어진 불협화음이 될 수 있을 것이다.

그날 밤 그 아이가 나뭇가지를 불 속에 던져 넣었을 때 나는 많은 사람들의 눈가에 이슬이 맺히는 것을 보았다. 나의 눈에도 눈물이 맺혔다. 눈물은 개인적으로든 집단적으로든 우리의 삶 안에서 생명을 깃들게 하는 신호는 아닐까. 눈물은 우리 안에서 생명의 원천을 이루는, 하지만 잠자고 있는 어떤 부분이 새롭게 꿈틀거리고 있음을 알려준다. 눈물은 또한 우리의 내면의 렌즈를 닦는 것에 대한 어떤 표상일 수 있다. 우리는 오직 눈물을 통해서만, 그것이 고통과 상실의 눈물이든 기쁨과 웃음의 눈물이든 그 눈물을 통해서만, 우리의 삶과 관계성 안에 있는 것들을 가장 또렷하게 이해하게 된다. 나는 내 삶에서 그것을 안다. 내 아이 하나가 겪는 정신적 질병 때문에 슬피 울었던, 그리고 그보다 몇 해 전 그 아이가 태어날 때 울었던 한 사람의 아버지로서 그것을 안다. 또는 우리가 민족적 차원에서 다른 민족에게 행하고 있는 것에 절망하는, 혹은 전쟁으로 찢긴 중동의 사막 위에서 바라본 일출의 아름다움에 소리 내어 울었던 지구의 한 아들로서 나는 그것을 안다. 나는 이렇게 내 자신의 삶의 경험을 통해서 눈물이야말로 살아 있음을 좀 더 풍성하게 알려주는 존재의 한 부분이라는 것을 안다. 우리가 눈물에 주목한다 함은 우리 영혼의 가장 깊은 곳에서 울려나오는 갈망에 귀 기울이는 것이다. 그것은 안녕과 화해를 향한 아주 오랜 열망을 다시금 경청하는 것이다.

제1장

그 노래의 기억

Christ of the Celts: The Healing of Creation

　2006년 여름에 나는 산호세(San Jose)에 있었다. 강의하러 가는 길에 원기를 회복할 겸 낮잠을 자고 싶어졌다. 때로 나는 깊은 잠에 빠지기도 한다. 깨어났을 때 나는 무의식의 깊은 계곡 속에서 기어올라온 것 같은 느낌을 받았다. 나는 조금씩 기어올랐는데 다시 깨어 있음의 표면으로 올라올 때까지는 시간이 좀 걸렸다. 내가 산호세에서 그날 오후에 다시 의식의 세계로 올라오고 있을 때 어디선가 음악소리가 들렸다. 내 방 바로 밖에 있는 정원에서 들려오는 소리였다. 저녁식사를 위한 테이블이 준비되어 있었고 손님들이 왔다. 그래서 그 음악소리는 포도주잔이 가볍게 부딪히는 소리와 은그릇들이 놓이는 소리들에 섞여 들어왔다. 하지만 잠이 아직 덜 깬 상태인지라 녹음기에서 들려오는 음악 소리 같지 않았다. 그 소리는 어딘가 먼 곳으로부터 들려오는 현악기와 관악기들의 생음악이었다. 음식은 향연이었고 우리 모두가 초대된 오래된 정원에 차려졌다. 나는 오랫동안 잠과 의식 사이를 오가며 무언가 기억이 떠오르도록 내버려두었다.

우리가 자기 자신과 서로에 대해 잊어버린 것은 무엇일까? 켈트 전통에서 에덴동산은 우리와 시공으로 떨어진 어떤 장소가 아니다. 그곳은 우리 존재의 가장 깊숙한 차원이며 우리는 거기로부터 벗어나 일종의 타향살이를 하고 있다. 그곳은 하나님 안에 있는 우리의 원천이고 기원이다. 에덴은 내 집(home)이다. 그러나 우리는 거기서 멀리 떨어져 살고 있다. 그럼에도 창세기의 설명에 의하면 그 동산은 파괴되지 않았다. 오히려 아담과 이브는 가장 깊은 정체성의 자리로부터 이탈한 망명자가 되었다. 이는 바로 유배의 삶을 살고 있는 인류를 묘사한 것이다.

히브리 성서의 시작인 창세기는 인간이 하나님의 '형상'(image)과 '모양'(likeness)으로 만들어졌다고 서술한다.(창 1:26) 이것은 우리의 성서적 유산 안에 있는 근본적 진리다. 우리에 대해 말씀하고 있는 성서의 여타 모든 구절도 이 출발점에 비추어 읽혀져야 한다. 우리 존재의 중심에는 하나님의 형상이 있다. 게다가 에덴동산처럼 파괴되지도 않았다. 무언가로 가려졌거나 우리 시야에서 놓친 것일 수는 있다. 그럼에도 그것은 우리 정체성의 처음에 있다.

19세기 켈트 사상가인 알렉산더 스콧(Alexander Scott)은 '왕의 의복'이라는 유비를 사용했다. 그 시대의 왕의 의복은 값비싼 실과 금으로 짜여졌음이 틀림없다. 그런데 행여 금실 한 올이라도 풀릴 경우 옷이 죄다 풀려버리고 말 것이다. 그런 식으로 우리의 존재라는 천에 하나님의 형상이 실처럼 짜여 있다고 그는 말했다. 하나님의 형상이 우리로부터 풀려나간다면 우리의 전 존재도 풀려버릴 것이다. 존재하기를 멈출 것이다. 그렇다면 하나님의 형상은 단지 우리의 세례 여부에 따라 있을 수도 있고 없을 수도 있는 그런 특성을 지니고 있는 것이 아니다. 하나님의 형상은 우리 존재의 본질이다. 그것은 인간 영혼의 중심이다. 우리는 세례를 받았기 때문에 혹은 여러 신앙 전통 중에 어느 한 전통에 속했기 때문에 거룩한 것이 아니다. 우리는 태어났다는 것만으로도 거룩한 것이다.

하지만 하나님의 형상대로 지어졌다는 것은 무엇을 의미하는가? 에덴동산이 우리 정체성을 밝혀주는 가장 심오한 자리라고 말함은 과연 무슨 뜻일까? 이는 한편으로는 지혜가 우리 심층 저 깊은 곳에 자리하고 있으며, 우리가 무슨 일을 자행했으며, 우리가 어떠한 지경에 이르렀는지에 대해 알지 못하는 무지, 그것보다도 더 깊은 차원에 있음을 말한다. 그것은 옳고 바른 것에 대한 하나님의 열정이 우리의 깊은 곳에 있음을, 어떤 류의 냉담함이든 혹은 우리를 불구로 만드는 옳지 못한 일에 관여한 것보다 깊은 차원에 있음을 말하려는 것이다. 하나님의 형상대로 만들어졌다는 것은 창조성이 우리 존재의 핵심에 있다고, 우리의 삶과 관계를 지배해 온 어떤 황폐함보다 더욱 깊은 곳에 있다고 말하려는 것이다. 그리고 다른 모든 것보다 사랑이 그리고 사랑 안에서 우리 자신을 서로에게 내어주려는 욕구가 우리의 심장부에 있다고, 우리를 포로로 잡고 있는 어떤 공포나 증오보다 더욱 깊은 곳에 있다고 말하려는 것이다. 우리 안 깊은 곳에는 합일(union)에 대한 갈망이 있다. 왜냐하면 만물이 비롯된 그분 안에 우리의 시원(始原)이 있는 까닭이다. 우리의 집은 에덴동산이며 우리 안 깊은 곳에는 그 동산의 노래를 다시 듣고 싶어 하는 그리움이 있다.

1945년 이집트의 나그 함마디(Nag Hammady)에서는 2세기의 필사본인 『요한의 비밀서』(The Secret Book of John)가 『도마복음서』와 그동안 잃어버렸던 예수 그리스도에 대한 다른 이야기와 함께 발견되었는데, 여기에는 예수님의 애제자인 요한이 그리스도와 만난 꿈같은 이야기가 실려 있다. 요한은 십자가 사건 이후 슬픔과 불확실성 속에 울고 있다. 하지만 그는 자신의 눈물을 통해 그리스도의 현존을 의식할 수 있었다. 눈물을 통해 세상을 보는 것, 이것이 요한이 가장 좋아하는 주제다. 우리는 고통과 상실이 우리의 삶을 마감하게 하기도 하고 울분이 우리의 마음을 완고하게 만드는 것을 안다. 하지만 요한은 눈물이 우리의 마음을 열어 이전에 깨닫지 못하던 것을 보게 만드는 길을 찾는다. 그것은 마치 우리 마음 안에 있는 렌즈를 닦아 그간 시야에서 가려져 있던 것을 보게 해주는 것과 같다. 그렇다면 개인적으로든, 집단적으로든 오늘 우리의 삶에서 우리가 흘려야 할 눈물은 무엇인가? 가족 안에서 우리가 잃어버린 것들은 무엇인가? 민족으로서 그리고 종교집단으로서 우리가 서로에게 행하고 있는 것으로 인해 인간 영혼 안에 들어온 슬픔은 무엇일까? 요한의 경험은 우리가 이 눈물 뒤에 숨어 자신을 세상으로부터 차단하지 말고, 오히려 눈물을 통해 세상을 보면서 이전에 알지 못했거나 오랫동안 잊고 있었던 것에 우리의 마음을 열라고 초대한다.

　『요한의 비밀서』에서 그리스도는 인간이 자기 자신을 잊어버렸다고 요한에게 말씀하신다. 우리는 '다발성 건망증' 때문에 고통 받는다고 말씀하신다.[1] 우리는 우리 자신도 모를 뿐만 아니라 우리의 시작도 기억하지 못한다. 우리는 깊은 수면에 빠진 상태에 있다. 그리고 우리의 진정한 자아로부터 더욱 멀어지면서 우리는 거짓 자아, 혹은 그리스도가 말씀하는 '위조 영혼'의 지배 아래 더욱 깊이 들어간다.[2) 그리스도는 요한에게 이 '다발성 건망증'에는 세 가지의 주요 증상이 있다고 말씀하신다. 그것은 무지, 오류, 그리고 무엇보다 근심이다. 우리 안에 있는 지혜, 그것과의 접촉을 잃어버릴 때 우리는 무지 속에 살게 된다. 우리가 누구인지에 대한 진리를 더는 기억하지 못할 때 우리는 오류의 노예가 된다. 그리고 우리 존재의 깊은 뿌리를 망각할 때 우리는 공포와 근심에 쉽게 빠져든다.

나의 큰 아들 브렌던(Brendan)은 16세이던 2000년 여름에 정신 쇠약증세를 겪었다. 아버지로서 나는 그 아이를 위해 무엇을 할 수 있는지 모른다는 생각에 어쩔 줄 몰라 했다. 그리고 지금도 종종 그런 생각에 재차 압도되곤 한다. 물론 브렌던 혼자만 그런 것이 아니다. 오늘날 우리의 세계에는 우리 시대에 대한 깊은 공포와 근심을 표명하는 많은 청년들이 있다. 공포와 근심은 인간 정신의 한 부분이긴 하지만 빠른 속도로 늘어나고 있다. 이에 대해 우리는 무엇을 할 것인가? 그들과 우리가 어떻게 다시 우리의 처음 시작에 대한 노래를 들으면서 우리 안과 우리 사이에 있는 그 조화를 회복하도록 북돋워 줄 것인가?

브렌던의 건강이 나아져서 우리가 에든버러(Edinburgh)를 떠날 수 있게 되었을 때 나는 그 아이와 함께 스코틀랜드 북부 고지에 있는 카이른곰(Cairngorm) 산에 며칠간 하이킹을 떠났다. 그곳은 한 가족

---

1) B. Layton, ed., *The Gnostic Scriptures* (London: SCM, 1987), 45.
2) *Ibid.*, 48.

으로서 나와 그 아이에게 소중한 기억을 만들어준 장소이다. 우리는 함께 하이킹을 하고 휴식을 즐겼다. 그곳은 다른 아무와도 마주치는 일 없이 몇 시간을 걸을 수 있는 곳이기도 하다. 나는 내 아들이 그곳에서 종종 온몸을 무기력하게 만들며 엄습해 오는 공포에서 벗어나 안전하다는 느낌을 가질 수 있길 바랐다. 첫날, 우리는 아무도 만나지 않은 채 몇 시간 동안 페쉬 협곡(Glen Feshie)을 걸었다. 오길 잘 한 것 같았다. 그러나 한낮에 협곡에서 빠져나와 사람들이 좋아하는 산 정상인 스고란 더브(Sgoran Dubh)로 향할 때 우리는 우리 앞길에 곡괭이와 삽을 들고 작업을 하는 두 사람을 발견했다. 브렌던은 그 사람들이 거기에 자신을 해치기 위해 와 있다고 생각한 까닭에 우리는 그 사람들을 피해 멀찍이 돌아가야만 했다. 하지만 그들을 지나친지 얼마 되지 않아 브렌던은 돌아갈 길을 걱정하기 시작했다. 그 사람들이 같은 자리에서 기다리고 있을 것 같았기 때문이다.

    돌아오는 길에 나는 산을 오르고 내리는 외길 위에서 브렌던을 지키느라 여념이 없었다. 스고란 더브의 한쪽 끝에는 아이니크 협곡(Gleann Einich)으로 수직으로 떨어지는 가파른 비탈이 있었다. 하지만 브렌던은 아까 두 작업자들을 만났던 곳으로 돌아가기보다 깎아지른 절벽 길을 기어가자고 계속해서 나를 설득했다. 아버지로서 아들 안에 공포심이 도지는 것을 느끼는 것은 고통스런 일이다. 하지만 우리가 협곡으로 돌아왔을 때 작업자들은 가고 없었다. 하지만 나는 공포와 진짜로 미친 행동 사이의 긴밀한 관계를 깨닫고 전율했다. 우리는 우리의 삶과 오늘의 세계 안에서 이 둘의 관계를 안다. 우리는 그것을 우리 안에서 경험하고 있으며 또한 국제적인 차원에서는 우리의 국가들이 진정으로 파괴적인 정책과 행동이라는 가파른 절벽 길로 향할 때 그것을 목도하고 있다.

    그리스도께서는 요한에게 당신이 우리의 기억이라고 말씀하신다. 인간은 자기 자신을 잊어버렸다. 그래서 공포와 오류와 무지 아래 놓이게 되었다. "나는 충만함의 기억이다"라고 그리스도는 말씀하신다.[3] 그는 우리를 깨우기 위해 우리 자신과 서로에게 오셨다. 그분은 자기 안에 우리의 본성에 대한 참 기억을 가지고 계시고 우리와 만물의 관계의 충만함이라는 참 기억도 가지고 계신다. 그는 오셔서 우리가 서로에게 저지르고 있는 오류에서 우리를 해방하신다. 『요한의 비밀서』에 나오는 이러한 주제들은 요한복음에 나오는 주제와 비슷하다. 예수께서는 "보지 못하는 자들은 보게 하려고"(요 9:39) 오셨다고 말씀하신다. 로마 총독 앞에서 자신의 재판에 대한 입장을 밝히실 때, "내가 이를 위하여 태어났으며 이를 위하여 세상에 왔나니 곧 진리에 대하여 증언하려 함이로라"(요 18:37)고 말씀하신다. 그는 그 노래의 기억이다. 그는 우리가 누구인지에 관한 진리를 증언하신다.

    나는 '좋은 소식'(good news)을 의미하는 복음서가 우리는 실패했다고 혹은 잘못되었다고 말하기 위해 쓰였다고 믿지 않는다. 그렇다면 그것은 새 소식(news)도, 좋은 소식(good news)도 아니다. 우리는 우리 자신에 대해 이미 많은 것을 알고 있다. 우리가 잘못되었다는 것, 우리 삶에서 가장 사랑하고 가장 진실하게 대하고픈 사람들에

---

3) *Ibid.*, 50.

게조차 우리가 잘못을 행했다는 것을 알고 있다. 우리는 오늘날 전 세계를 통해 고통을 받고 있거나 우리가 좀 더 노력했으면 막을 수 있었던 지독한 불의로 지배를 받고 있는 사람들과 모든 나라들을 실망시켰음을 안다. 그러므로 복음은 우리가 이미 알고 있는 것을 말하기 위해 주어진 것이 아니다. 오히려 복음은 우리가 모르는 것 혹은 우리가 잊어버린 것을, 그러니까 우리가 누구인지, 즉 우리가 만물이 비롯된 그분의 아들과 딸이라는 것을 말하기 위해 주어진 것이다. 우리가 누구인지 그리고 모든 사람들이 진정으로 누구인지를 기억할 때 우리는 또한 무엇을 해야 할지 그리고 개인으로서 국가 차원에서, 전체 지구 공동체로서 서로 어떻게 관계해야 하는지 기억하기 시작할 것이다.

켈트 세계에서 위대한 스승의 한 사람인 19세기 아일랜드의 존 스코투스 에리우게나(John Scotus Eriugena) 역시 그리스도는 우리의 기억이라고 가르쳤다. 그는 '영혼의 망각증' 때문에 우리가 고통 받는다고 말한다.[4] 그리스도는 오셔서 우리의 진정한 본성을 다시 일깨워주신다. 그는 또 하나의 우리로 나타나신 분이다. 그는 오셔서 우리에게 하나님의 얼굴을 보여주신다. 그는 오셔서 또한 우리의 얼굴, 인간 영혼의 참 얼굴을 보여주신다. 이 점이 켈트 전통을 자연(nature)과 은총(grace) 사이의 관계를 찬미하도록 이끈다. 켈트 전통은 은총을 우리의 근본적 본성과 반대되는 혹은 어떻게든지 우리를 우리 자신으로부터 구하려는 것으로 보지 않고 자연과 은총이 하나님으로부

---

4) J. S. Eriugena, *Periphyseon*(*The Division of Nature*), trans. J. O'Meara(Montreal: Bellarmin, 1987), 592.

터 함께 흘러나온 것으로 본다. 그 둘은 모두 거룩한 선물이다. 에리우게나는 한편으로 자연이라는 선물이 '존재'(being)의 선물이며, 다른 한편으로 은총이라는 선물은 '잘 존재함'(well-being)이라는 선물이라고 말한다.[5] 은총은 우리의 참된 본성으로 우리를 다시 이어주기 위해 주어졌다. 우리의 존재 중심에는 하나님의 형상이, 따라서 하나님의 지혜가, 하나님의 창조성이, 하나님의 열정이, 그리고 하나님의 열망이 있다. 은혜는 우리의 가장 깊은 곳에 있는 것에 반대되는 것이 아니라 우리 안에 있는 잘못된 것에 반대되는 것이다. 그것이 우리에게 주어짐은 우리 존재, 그 핵심의 회복을 위해서요, 우리가 서로에게 또 이 지구에 자행하고 있는 기괴한 일들로부터 우리를 자유롭게 하기 위해서다.

한 아버지로서 내 아들이 페쉬 계곡에서 공포로 몸이 마비되는 것을 보던 그 순간에도 나는 브렌던의 병과 그의 가장 깊은 정체성을 혼동하지 않았다. 나는 그 공포가 그 아이의 참된 본성이겠거니 여기지 않았다. 사실 그 고통스런 경험 속에서도 내가 기억하는 것들은 그 아이가 그 험한 협곡을 얼마나 거침없이 그리고 자유롭게 달렸는지, 그 아이가 얼마나 거리낌 없이 페쉬 계곡의 흐르는 물에 발을 담그고 철버덕거렸는지, 그리고 보라색 꽃이 피는 헤더(heather)라는 풀 위에서 얼마나 즐겁게 몸을 뒹굴었는지 등이다. 다른 말로 하면, 나는 '본연의 브렌던'을 기억한 것이다. 나는 매일 치유하시는 은총이 우리 존재의 가장 깊은 곳에 있는 노래와 우리를 분리시키는 공포로부터

---

5) *Ibid.*, 112.

내 아들과 우리의 세계를 자유롭게 해주시기를 기도했다.

종종 켈트 전통에서 그리스도는 참으로 자연스러운(natural) 분으로 이야기된다. 그의 오심은 우리 본연의 모습을 능가하는 어떤 모습으로 만들거나, 어떻게 해서든 본연의 우리와 상이한 모습으로 만들려는 것이 아니라 우리를 진정으로 본래 그대로의 우리로 만들기 위해 오셨다. 그는 오셔서 우리 존재의 본래의 뿌리를 회복시켜 주신다. 20세기 프랑스의 신비주의 과학자 떼이야르 드 샤르댕은 훨씬 후에 켈트 세계에서 은총이란 우리의 본성에 심겨진 '부활의 씨앗'이라고 말했다.[6] 그것은 우리를 우리가 아닌 다른 무엇으로 만들기 위해 주어진 것이 아니라 우리가 철저하게 우리가 되도록 주어졌다. 어떤 외딴 지혜를 우리 안에 이식하기 위해서가 아니라 우리 어머니의 자궁 속에서 우리가 태어날 때 우리와 함께 태어난 지혜를 지각하도록 주어졌다. 은총은 우리를 우리와 다른 정체성으로 이끌기 위해 주어진 것이 아니라 우리의 가장 깊은 정체성의 아름다움으로 우리를 다시 이어주기 위해 주어졌다. 그리고 은총은 우리가 어떤 밖에 있는 힘의 원천을 찾도록 주어진 것이 아니라 다시금 우리 존재의 깊은 내면적 안위 속에서 그리고 진정으로 사랑 안에서 우리 자신을 발견하기 위해, 서로를 위해 우리 자신을 잃는 법을 배우는 것 안에서 우리가 다시 일어설 수 있도록 하게 위해 주어졌다.

이는 우리 안 깊은 곳이, 우리 삶의 상호관계성 안 깊은 곳이 감염이라고는 전혀 되지 않았다는 양 말하려는 것이 아니다. 에리우게

---

6) P. Tehilhard de Chardin, *The Prayer of the Universe*, trans. R. Hague(London: Collins, 1977), 82.

나는 죄를 감염(infection)으로, '영혼의 나병'이라고 언급했다.[7] 나병이 인간의 얼굴을 일그러뜨려 기괴한 모습을 만드는 것과 똑같이, 죄도 영혼의 용모를 일그러뜨려 괴물처럼 보이게 만든다. 그 정도가 얼마나 심했는지 우리는 그 일그러진 모습이 본래 인간 영혼의 얼굴인 것처럼 믿게 된 것이다. 그리고 나병에 걸리면 감각과 느낌을 상실하듯이 죄도 우리 안 가장 깊은 곳에 있는 것에 대해 무감각하게 만들고 급기야 우리가 마치 하나님의 형상대로 지어지지 않은 것처럼 서로를 대하게 만든다. 에리우게나는 예수께서 복음서 이야기에서 나병환자들을 고치실 때, 그들에게 새 얼굴을 주시지 않으셨음을 지적한다. 오히려 예수께서는 그들의 본래 얼굴을 회복시키셨고 그들이 날 때부터 가졌던 그대로의 얼굴을 회복시켜 주셨다. 은혜는 우리 안에 처음이자 가장 깊은 것에 우리를 다시 이어주신다. 은혜는 우리의 마음과 영혼과 관계를 위협하는 감염보다 더 깊은 곳에 있는 '잘 존재함'의 뿌리로 우리를 닿게 해 회복시키신다.

19세기 켈트 사상가인 알렉산더 스콧(Alexander Scott)은 여기서 줄기마름병으로 고통 받는 식물을 유비로 사용한다. 만약 그 식물을 식물학자들에게 보여준다면, 그들은 그런 종류의 식물을 전에 본 적이 없다 하더라도, 그 식물이 보여주는 가장 중요한 생명의 특징을 가지고 그 식물을 정의하려 할 것이다. 식물학자들은 그 식물의 키와 색깔과 향기라는 건강의 특질들을 참조하여 그 식물을 판정할 것이다. 그들은 줄기마름병으로 그 식물을 정의하지는 않을 것이다. 도리

---

7) Eriugena, *Periphyseon*, 131.

어 식물학자들은 줄기마름병은 이 식물에게 외부적인 것이며 그것이 이 식물의 본질을 공격하고 있다고 말할 것이다. 그러고 나면 비로소 이 식물에 대해 아주 명확한 식물학적 이해를 하게 되는 것이다. 하지만 그러한 점이 너무 분명하다 못해 우리가 인간의 본성에 대해 정의를 내릴 때 그것을 간과하고 지나갔는지도 모른다. 우리는 우리 자신과 서로를 줄기마름병에 의거하여, 죄나 악에 의거하여, 혹은 우리 삶에서 일어난 실패 혹은 질병들에 의거하여 정의를 내려온 경향이 있다. 여전히 그보다 더 깊은 곳 우리 존재의 중심에 있는 하나님의 형상의 아름다움을 보는 대신에 말이다.

에리우게나와 다른 켈트의 스승들이 그리스도를 우리의 기억이라고, 우리를 우리의 가장 깊은 정체성으로 인도하시는 분이라고, 우리의 시작의 노래를 기억하시는 분이라고 말할 때, 그들은 죄로 인한 감염의 깊이를 무시했던 것이 아니다. 우리의 참 자아를 덮고 있는 것이라고 해봐야 얇디얇은 껍질에 불과한 오류인지라 참 자아는 쉽사리 회복될 수 있으며 한 번의 예리한 조율만으로 만물 안 깊은 곳에 있는 조화를 되찾을 수 있다고 제안하려던 것도 아니다. 인간 영혼 안에 퍼진 감염은 만성적이다. 개인적 차원이든 국가적 차원이든 우리 안에 있는 탐욕과 편협한 자기이익이라는 질병은 너무도 영구적인 것이어서 우리는 이 지구가 가진, 진정 조화로운 소리가 무엇인지 거의 상상조차 할 수 없게 되었다. 이 질병은 단지 가볍게 치부할 감염이 아닌 것이다. 이 질병들은 우리 존재의 뿌리 바로 그 안에 뒤엉켜 있다. 이 질병은 암적 질병이다. 그리고 그 중 일부는 외과적 수술로 제거되어야 하는 것들이다.

에리우게나는 태어난 모든 것에 갑자기 달려들어 그것들을 와락 움켜잡는 것을 죄의 유비로 사용했다. 창세기 4장에서 "죄가 문에 엎드려 있느니라 죄가 너를 원하나"라는 구절을 주석하면서, 에리우게나는 자궁의 문 주위를 맴돌며 존재하기 위해 나오는 모든 것들을 감염시킬 준비가 된 것이 바로 죄라고 말했다. 지금 우리가 생명의 상호 연관성에 대해 알고 있는 것을 감안한다면, 그리고 심지어 아직 태어나지 않은 아이도 그 아이 가족의 정신적 상처나 혹은 그 아이 주변의 환경오염에 의해 감염된다는 것을 감안한다면, 우리도 죄가 자궁 문 안에 잠복하고 있다고 말하고 싶을지도 모르겠다. 우리 삶이 시작되는 곳 아주 가까이에 이미 그림자는 드리워져 있다. 그럼에도 불구하고 여전히 그림자보다 더 깊은 것은 우리가 비롯된 그 빛이다. 이 우주에서 잉태되는 생명은 하나같이 거룩한 것이다.

모든 사람과 피조물의 뿌리가 하나님에게 반대되기보다 하나님 안에 있다고 말하는 것은 우리의 가장 깊은 육체적, 성적, 정서적 에너지를 포함하여 우리 자신을 어떻게 보는가에 밀접한 영향을 미친다. 또한 비록 우리가 우리의 삶과 세계 안에서 끔찍한 실패와 오류의 한복판에 있을지라도 그것은 서로를 보는 방법에 심오한 영향을 미친다. 에리우게나와 다른 켈트 스승들은 종종 사탄을 빛의 천사로 언급한다. 이것은 피조물이든 천사든, 존재를 가진 모든 것의 가장 깊은 정체성을 가리키는 한 방법이다. 우리가 얼마나 우리 아닌 모습으로 사느냐에 비례해 우리의 에너지는 물론 다른 피조물의 에너지도 얼마든지 악하고 파괴적으로 변모될 수 있다.

에리우게나는 사탄이라고 이름 지어진 어떤 인격적 존재나 원천을 충분히 문자 그대로 믿었을 수도 있었다. 켈트든 제국이든 대부분의 중세세계가 그렇게 믿었듯이 말이다. 하지만 이보다 더욱 중요한 것이 있다. 바로 우리가 오류를 범할 수 있는 능력과 피조물이라면 저마다 왜곡의 가능성을 가졌다는 것을 의식할 수 있도록 한다는 점이다. 하지만 무엇보다 중요한 것은 우리가 빛으로부터 나왔다는 심오하기 그지없는 정체성을 그가 우리에게 상기시킨다는 점이다. 우리는 우리의 진정한 모습으로 살지 않은 만큼 죄를 지은 셈이다. 우리는 우리 존재의 참 뿌리로부터 파생된 삶을 살지 않는 만큼 잘못 살고 있다. 또한 에리우게나는 우리 앞에 놓인 치유와 변혁의 길도 가리킨다. 우리는 우리 안에서 꿈틀거리며 부대껴 하는 에너지로부터 시선을 떼지 않고도 그 안에서 생명과 욕망의 거룩한 기원이 되시는 분을 봄으로써 새롭게 출발할 수 있다. 우리 삶의 혼동과 투쟁의 와중에서 우리는 그림자보다 더욱 깊은, 우리의 기원인 그 빛을 찾아내도록 초청받았다. 그 빛은 우리의 참 목적의 빛이시기도 하다.

몇 년 전 나는 이런 주제들을 가지고 캐나다의 오타와에서 강연을 한 적이 있다. 나는 특별히 요한복음의 서문과 "참 빛 곧 세상에 와서 각 사람에게 비추는 빛"(요 1:9)에 관해 언급했다. 나는 청중들이 우리 안에, 우리의 전 존재 안에 있는 그 빛을 보도록, 그리고 서로의 중심에 또한 다른 종교 전통의 지혜 안 깊은 곳에 있는 빛을 보도록 초대하고 있었다. 강연의 말미에 모호크(Mohawk)족 원로 한 분이 눈에 눈물이 그렁그렁한 채 일어섰다. 그는 켈트 영성과 모호크족 영성 사이의 공통성에 대해 강연하도록 나를 초대한 사람이다. 그는 이렇게 말했다. "이 주제에 관해 경청하면서 나는 만약 수세기 전에 유럽에서 그리스도교 선교사들이 올 때 그들이 우리 안에 있는 그 빛을 찾으러 왔더라면 오늘 내가 어디에, 오늘 나의 모호크족이 어디에, 그리고 오늘 서구 세계 안에 있는 우리가 어디에 있을지를 생각해 보았습니다."

　우리는 우리의 집단적 역사 안에서 그리스도의 이름으로 행해진 끔찍한 과오를 돌이킬 수는 없다. 하지만 우리 안에서 그리고 우리 사이에서 오늘 일어나는 새로운 탄생에 참여할 수는 있다. 그리고 이 새로운 탄생은 우리가 다시 경청하도록 초대받고 있는 고대의 노래와 관련이 있다. 그렇게 먼 노래를 우리는 오직 꿈속에서만 듣는 것 같다. 하지만 우리가 그 음악에 다시 그리고 더욱 익숙해질수록, 우리는 우리 안과 우리 사이의 가장 깊은 곳에 있는 음은 결코 불협화음이 아니라는 것을 깨닫게 될 것이다. 예로부터 그 숱한 음은 조화(harmony)를 만들어낸다.

Christ of the Celts: The Healing of Creation | 제2장

잊혀진 멜로디

   이른 아침 나는 이 책을 쓰고 있다. 지금 나는 7세기 이후 켈트 예술과 교육에서 중추적인 역할을 담당했던 린디스판(Lindisfarne)이라는 섬에서 묵상 중이다. 이 신성한 섬에서 나는 아침 일찍 잠에서 깨어났다. 이내 지난밤에 어떤 꿈을 꾸었다는 사실이 떠올랐다. 꿈속에서 사람들은 내 둘째 딸 키르스텐(Kirsten)을 바보라고 불렀다. 내 딸이 바보인 양, 아는 것이 하나도 없는 아이인 양 그렇게 계속 불렀다. 나는 내 딸아이의 얼굴 표정을 살폈다. 상처받은 표정이었다. 키르스텐은 이것이 부당하다는 것을 알고 있었다. 하지만 바보라는 묘사는 키르스텐 안에 불확실성을 심어주고 있었으며 아이는 점차 자신을 일관성 있게 표현할 수 없었다. 의혹스러움 때문에 그 아이는 너무도 괴로워했다. 이 꿈은 이 장의 주제와 직접 관련된다. 또한 어제 저녁 우리가 식후에 받은 것이 나무딸기를 삶아 으깬 것에 크림을 섞은 요리(raspberry fool)라는 사실과도 관련된다. 때때로 무의식은 익살스

럽게 모든 생명이 가진 상호관련성을 드러내기도 한다.

사실 내가 꿈속에서 본 것은 우리가 매일 삶에서 반복해 목도하는 비극이기도 하다. 만약 한 아이가 못 생겼다느니, 바보 같다느니, 혹은 이기적이라느니 하는 말을 듣고 자란다면 그 아이는 그것을 얼마만큼이라도 믿어버리게 된다. 이런 표현들은 그 아이가 자신을 이해함에 있어 늘 붙어 다니고, 자신의 가장 깊은 정체성에 의구심을 가지는 상태로 살게 된다. 이것이 정확히 원죄(original sin)라는 교리, 즉 4세기 이후 서구 그리스도교 사상과 풍습을 지배해온 믿음과 관련해 일어난 일이다. 원죄라는 교리는 우리 안 깊은 곳이 하나님에게서 비롯된 것이 아니라 하나님께 맞서는 것이라고 가르친다. 즉 우리가 빛을 지니고 있는 자가 아니라 근본적으로 무지한 존재이며, 신성한 아름다움에 뿌리를 내린 자가 아니라 본질적으로 추악한 존재이고, 사랑의 형상으로 만들어진 자가 아니라 본래부터 이기적인 존재라는 뜻이다. 이런 목록은 얼마든지 이어질 수 있다. 이런 교리는 우리를 힘빠지게 하는 교리다. 이것은 우리의 존재 한가운데에 있는 신성한 멜로디를 망각하게 만든다. 또한 그리스도가 우리와 근본적으로 다른 어떤 낯선 노래를 구현하셨다는 믿음으로 이어진다. 이러한 교리가 가져온 결과는 개인적으로나 집단적으로 재앙이나 다름없는 것이었다.

웨일스 출신의 펠라기우스(Pelagius)는 켈트 그리스도교 초기 저술가의 한 사람인데 이미 4세기에 이런 결과를 예견한 바 있다. 그래서 끝까지 원죄라는 교리를 반대했다. 만약 교회가 인간 영혼의 본성을 죄인으로 규정한다면, 그것은 온전함(wholeness)을 향해 나아가는 우리의 여정에 해를 끼칠 수 있다는 것이 그의 관심사였다. 그것은 우리 자신은 물론 우리의 가장 깊은 곳에 있는 에너지를 왜곡시킬 것이다. 그것은 그리스도를 우리 존재의 중심으로부터 멀어지게 할 것이다. 그리고 우리가 다른 사람들과 다른 전통의 가르침에 다가가는 방식도 왜곡시킬 것이다. 펠라기우스가 여기에 열정을 쏟아 부은 것은 과연 옳았다. 그 교리는 서구의 수많은 사람들의 삶과 관계 안에 말로 다 표현할 수 없는 엄청난 파괴력을 행사한 교리인데, 여기에는 숱한 세대를 거치면서 아이들의 자기 이해마저 파괴시켜 왔다. 또한 그리스도를 인간 영혼의 중심으로부터 떼어놓았다. 그리고 지금도 우리가 다른 사람들과 문화와 공동체 안에 누적된 지혜와 관계를 맺느냐, 혹은 안 맺느냐를 결정함에 있어서 우리의 선택 방식을 훼손시키고 있다.

이후 펠라기우스는 로마와 팔레스타인에서 유명한 그리스도교 교육자가 되었는데, 418년에 로마 제국으로부터 평화를 깨뜨린다는 혐의로 추방선고를 받았다. 몇 달 후, 그는 이단이라는 죄목으로 제국 교회로부터 급기야 파문을 당하고 말았다. 이 이야기 안에는 여러 작은 이야기들이 얽혀 있다. 그 중 하나는 권력과 그것의 오용과 연관되어 있다. 원죄라는 교리는 제국의 건설자들이 이용하기 좋은 '진리'였다. 그들은 계속해서 세상을 정복하고 사람들을 굴복시키고 있었다. 그런데 이제 그 일을 어떤 신적인 소명이라는 권위를 가지고 할 수 있게 된 것이다. 이 세상에서, 그리고 제국 전역의 대중에게 필요한 것은 제국의 교회와 그들이 함께 공유할 수 있는 하나의 진리여야 했다. 진리는 위로부터 하달되는 것이어야 했다. 그것은 의존하게 만드는 종교여야 했다. 펠라기우스와 켈트 선교회의 설교자들이 이들과 갈등한 이유 중 하나는 바로 이것이다. 즉 그 자신이 하나님의 형상대로 지음 받았으며 따라서 오래된 지혜와 형언할 수 없는 존엄성을 가진 존재라고 믿는 사람들은 결코 권력과 외적 권위에 의해 쉽사리 위협받지 않는다는 점이다. 제국과 제국의 교회는 인간 영혼의 한가운데에 있는 신성한 멜로디를 의도적으로 무시했다. 대신 그들은 비난에만, 혹은 다스림 받아 마땅한, 훼손되어 조화를 거스르는 소리에만 귀를 기울였을 따름이다.

하지만 펠라기우스를 제거하기란 쉬운 일이 아니었다. 교회는 계속해서 제국 차원의 공의회를 열어 펠라기우스와 그 가르침을 정죄했는데, 그 과정을 보면 그들이 펠라기우스의 통찰력에 얼마나 부단히 위협을 느꼈는지를 알 수 있다. 결국 가장 효과적인 방법은 그의 사상을 거짓이라고 설명하는 것이었다. 펠라기우스는 우리가 갓난아기의 얼굴을 들여다볼 때 우리 가운데 새로 태어나신 하나님의 얼굴을 들여다보는 것이라고 가르쳤다. 물론 단순히 새로 태어난 아기만 말하는 것이 아니었다. 그는 인간 영혼의 가장 깊은 곳을 가리키고 있었다. 우리의 안 깊은 곳에는 하나님의 지혜가, 하나님의 창조성이, 하나님의 열망이 있다. 그는 우리의 본성은 성스럽지만 깊은 상처를 입었고 은혜라는 치유의 힘이 필요하다고 가르쳤다. 그리스도는 우리 존재의 참된 심연을 회복시키시기 위해 오셨다. 하지만 제국의 교회는 마치 펠라기우스가 우리의 본성이 신성하기 때문에 우리에게는 은혜가 필요 없으며, 따라서 그리스도 역시 필요하지 않다고 말한 것처럼 묘사했다. 이런 허위 진술이 수세기 동안 그의 이름에 따라

다녔으며, 지금도 대부분의 서구 그리스도교 교육기관에서는 이를 펠라기우스에 대한 표준 잣대로 사용하고 있다. 제국 교회는 또한 펠라기우스가 직접 쓴 글이 남아 있지 않기 때문에 우리가 그에 관해 알 수 있는 것은 오직 그의 신학적 적대자들의 입으로부터 나온 것이라고 주장한다. 펠라기우스가 쓴 『데미트리아스에게 보낸 편지』(Letter to Demetrias)에서 그는 그리스도가 은혜와 함께 오신 것이 우리를 우리의 본성과 다시 연결하기 위함이라고 분명히 진술하고 있음에도 불구하고, 오늘날 심지어 가장 존경받는 신학자들 사이에서도 위의 그릇된 진술이 불행히도 계속 반복되고 있다.

우리 중 과연 누가 서구 교회처럼 우리 품에 안긴 갓난아이가 본질적으로 죄인이라고 선뜻 말하겠는가? 나는 나의 네 자녀는 물론 그 누구의 아이들에게도 그 말을 선뜻 하지 못한다. 나는 숱한 여행을 하면서 서구 세계에 사는 수많은 남자와 여자와 어머니들과 아버지들을 만나는데, 그들도 나처럼 아이들에 대해 이렇게 정의하는 것을 거부했다. 내가 미국 버지니아의 린치버그(Lynchburg)에서 나의 책 『하나님의 심장박동 듣기』(Listening for the Heartbeat of God)를 가지고 켈트 영성에 대해 강연을 하던 말미에, 80대의 한 할머니가 그 책을 손에 들고 중앙 복도를 통해 내게로 나아왔다. 그 할머니는 이렇게 말했다. "보통 나는 내가 읽는 책에 아무것도 써넣지 않아요. 그러나 당신의 책을 읽고 난 다음에 내가 이 책에 써넣은 걸 보여주고 싶군요." 할머니는 첫 페이지를 펼쳤는데 거기에는 이렇게 씌어 있었다. "그럴 줄 알았어! 그럴 줄 알았어! 그럴 줄 알았다니까!"

우리는 새로 태어난 아기의 중심에 무엇이 있는지 그 진리를 알고 있다. 물론 갓난아기라 하더라도 그 아기는 자기 안에, 자기의 몸과 마음과 영혼 안에, 가족과 환경을 통해 감염된 부위를 다소 지니고 있다. 그러나 우리가 그 아기를 품에 안으면, 우리 자신의 안 깊숙한 곳으로부터 그 아기가 신성하다는 사실을 직감한다. 나는 네 자녀들이 태어났던 때를 내 생애에서 가장 거룩한 순간으로 간직하고 있다. 내가 그 아이들의 얼굴에서 보았고 또 피부에서 맡았던 것은 바로 하나님이다. 이것은 아기들이 태어나고 또 세례를 받는 지금 이 순간에도 모든 가족들이 여전히 경험하는 것이다. 내가 만난 부모들이 아기들을 세례 받는 곳으로 데리고 나오는 이유는 자기 아이들 가장 깊은 곳에 죄가 있다고 생각해서가 아니다. 부모들이 아기들을 신앙의 공동체 앞으로 데리고 나오는 이유는 생득적으로, 어떤 말로도 표현이 안 되는 감사함 속에서, 또 그들의 아기들 안에 태초의 소리와 향기가 있음을 알기 때문이다. 그런데도 왜 우리는 그리스도교 유산 속에 원죄라는 교리를 그냥 묵인해왔는가? 왜 우리는 영국 국교회의 공동기도집 안에 있는 저녁기도문에서 "우리 안에는 생명력이 없습니다."[1]라는 구절을 따라할 준비가 되어 있는가? 혹은 스코틀랜드교회의 웨스트민스터 신앙고백서 안에서 그리고 서구 교회를 통틀어 이와 동등한 가치를 지닌 것으로 간주되는 신앙고백문 안에서 왜 우리는 우리가 "모든 선의 반대편에 서 있으며, 전적으로 모든 악에 기울어져 있다."[2]는 고백을 허용하는가? 아마도 우리의 다수는 기도를 하거나

---

1) *Book of Common Prayer*(Cambridge: Cambridge University Press, 1920), 227.
2) *Westminster Confession of Faith*(Glasgow: Free Presbyterian Publications,

신앙을 고백할 때 이 말들을 더는 문자적 의미로 사용하고 있지는 않을 것이다. 하지만 이 말들은 여전히 그리스도교라고 하는 집안에 항상 출몰하고 있다. 비틀어진 멜로디는 교회의 벽 안에서 메아리치고 있으며 우리 삶의 내실 안에 자리 잡고 있다.

우리는 우리 존재가 근본적으로 가치가 없다는 이 문제를 다루지 않고서는 종교적 삶을 시작하기가 어렵다. 그것은 마치 심각한 강박장애와도 같다. 만약 내가 가장 사랑하는 사람들의 존재 안으로 들어갈 때마다 먼저 내 결점부터 다루어야 한다고 느낀다면 그것은 내 정신건강을 의심해도 될 일이다. 그런데 그것이 정확히 우리가 집단적으로 오랫동안 우리 종교 안에서 행해온 것이고 따라서 우리 종교 공동체는 건강하지 않다고 할 수 있다. 그렇다고 해서 그것이 개인적으로나 집단적으로 잘못된 것을 고발하고, 어둠에 맞서며, 숱한 오류에서 돌이키는 것이 우리의 건강에 그렇게 결정적으로 중요한 것은 아니라고 말하려는 것은 아니다. 이 말은 우리 안과 우리 사이에서 잘못된 것을 고발하는 것은, 어둠에 맞서 숱한 오류에서 돌이키는 것과 마찬가지로, 우선 우리 존재의 심연에 있는 멜로디가 하나님에게서 나온 것임을 기억할 때에 비로소 생명력을 얻는다는 뜻이다. 나는 이것이야말로 진정한 변화를 지탱하게 할 수 있는 기초라고 믿는다.

나는 네 명의 자녀를 둔 아버지로 살아오면서 아주 느리게 배우는 것들도 있었고 또 아예 배우지 못하는 것들도 있었다. 하지만 막내 아이 카메룬(Cameron)을 통해 그 아이가 하나님과 근본적으로 대치

1973), 40.

되는 존재라는 인상을 주는 종교적 예배나 가르침을 더는 참을 수 없음을 분명히 알게 되었다. 나는 아이로 하여금 자신의 가장 깊은 곳에 있는 에너지가 죄로부터 나왔다고 믿게 만드는 예식이나 설교를 끝까지 듣게 하지는 않을 것이다. 물론 카메룬은 살면서 우리의 지적이고 정서적이며 성적인 에너지들이 혼란스런 것이며 파멸로 치달을 수밖에 없을 정도로 왜곡의 소지가 있는 것임을 배워야 한다. 그리고 나 자신이나 모든 사람들도 그렇듯이 공동체에의 참여는 막내 카메룬이 '잘 존재함'에 있어 핵심이다. 하지만 교회가 내 아이의 자의식을 침식하게 된다면 나는 그리스도교 안의 숱한 사람들이 내린 선택에 합류하는 꼴이 될 것이다. 그들은 그리스도교 공동체에서 그들 영혼에 더는 양식을 공급받지 못했기 때문에, 그리고 우리가 유산으로 물려받은 것이 오늘날 인간 영혼의 가장 깊은 곳에서 솟아나오는 열망과 맞지 않기 때문에 더는 이 공동체 모임에 나오지 않는다.

그 멜로디를 잊게 만드는 것을 더는 묵인하지 않겠노라고 내린 나의 결정은 내 삶에서 내 아들뿐만 아니라 나의 영혼을 위해서도 중요한 조치였다. 내 마음 한구석에는 축축 늘어지는 왜곡된 멜로디에 의해 오랜 세월 점점 커져간 불안감의 자리가 있다. 그런데 나는 너무도 많은 형제와 자매들 안에서 이와 똑같은 것을 목격했다. 나는 어렸을 때 아버지를 따라 자메이카 선교 여행을 간 적이 있었다. 밤에 나는 멀고 어둔 길 저 아래편에 사는 한 가정집에 거하며 내 부모와 떨어져 있어야 했다. 저녁에 그 가족의 아버지와 함께 불이 켜지지 않은 길을 따라 그 집으로 가는 길은 생소한 경험이었다. 하지만 그것은 내가 한밤중에 경험한 끔찍한 일과는 비교도 안 된다.

그날 한밤중에 나는 땅의 진동을 느끼고 잠에서 깨어났다. 하지만 그것이 무엇인지는 몰랐다. 나는 훌륭한 복음주의적 신앙 안에서 자라난 소년답게 그리스도께서 구원받은 사람들을 하늘로 데려가기 위해 오신 것이라 생각했다. 하지만 또 그다지 복음적이지도 못한 소년이었던 나는 왠지 그리스도가 오셨다가도 나를 이 땅에 남겨두고 그냥 가실 것만 같았다. 왠지 이는 내가 옆집에 살고 있던 소녀와 마당에서 키스한 것 때문일 거라는 생각이 들었다. 그러니까 그리스도가 오셔서 내 가족은 데려가고 나만 남겨 둘 것이라고 생각한 것이다. 하지만 아직 확실하진 않았다. 그래서 나는 내 두려움을 테스트해 보기로 했다. 엄마를 큰 소리로 불러보았다. "엄마, 물 한 잔만 줄 수 있어요?" 너무도 유감스럽게도 엄마가 대답했다. 집에 계셨던 것이다. 그러자 이번에는 대체 엄마는 또 무엇을 잘못했기에 나처럼 남게 되었을까 의아하게 생각하기 시작했다.

이 이야기를 듣고 웃지 않았다면 울어야 한다. 이런 이야기는 까마득하게 어리고 순진하기 그지없는 어린아이조차 정신적 손상을 입었음을 말해준다. 우리가 자연적 욕망과 거룩한 욕망 사이에서 잘못된 갈등을 겪고 있음을 들려주기도 한다. 또 그리스도를 우리로부터 멀리 계신 분으로 묘사할 뿐만 아니라, 이 지구는 물론 다른 사람들은 아랑곳 않고 버리고 우리만 구원하시는 분으로 그린다. 삶에서 우리를 가장 아껴 주는 이들에 비해 우리를 덜 사랑해 주면서 말이다. 비록 어린 소년이었지만 나는 죄라는 교리를 나의 자아이해에 너무 깊이 받아들이고 있었기에 우리가 사랑이라 부르는 그분에게서 버림받는 것을 상상할 수 있었던 것이다. 이사야의 예언이 이렇게 말한다.

"나는 너를 잊지 않겠다."(사 49:15) 인간 영혼의 중심에 주신 이 말씀을 나는 단지 소수의 사람들에게만 적용시키고 있었던 것이다. 내가 가족에게 받은 깊은 사랑을 생각해볼 때 최소한 나의 부모는 나를 버리지 않을 것임을 알았어야 했다. 하지만 나는 그것을 몰랐다.

우리에게 구전으로 내려온 고대 아일랜드의 전설 가운데에는 최후의 심판 날의 성 패트릭(St. Patrick)에 대한 한 놀라운 이야기가 있다. 패트릭은 하나님 앞에 소환통보를 받았다. 그 음성은 온갖 강에서 흘러내리는 물소리와 같았고 그분의 현존 안에서 모든 살아 있는 것들의 목소리가 들려왔다. 하나님의 부르심이 패트릭에게 전해졌을 때 그는 이렇게 응답한다. "제 모든 백성과 함께 못 갈 바에는 아예 당신 앞에 가지 않겠습니다." 다시 패트릭이 소환되었고 그는 다시 이렇게 응답한다. "제 모든 백성이 나와 함께 갈 수 있기 전에는 저도 가지 않겠습니다." 패트릭은 세 번째 소환되었고 그는 세 번째로 정중히 거절한다. 결국 우주 중심의 보좌에 앉은 분이 이렇게 말씀하신다. "패트릭에게 오라고 해라. 그의 백성과 함께 내게 와도 좋다. 그러나 패트릭이 해야 할 일이 하나 있다." 이야기는 여기서 끝난다. 패트릭이 무엇을 해야 하는지에 대해서는 더 말하지 않는다. 하지만 우리는 그것이 무엇이든 간에 모든 백성이 그와 함께 하나님 앞에 나아갈 수 있기 위해서라도 그는 꼭 그것을 해내고 말 것임을 알고도 남음이 있다.

나는 내 부모가 나를 버리지 않을 것임을 알았어야 했다. 그들이 아들을 돌보기 위해서라면 심지어 하늘에서 회합이 열려도 그것을 정중히 거절할 것임을 알았어야 했다. 그러나 당시 나로서는 무슨 뾰

족한 수가 있는 것도 아니어서, 그리스도가 저 멀리에서 오시는 분이 아니라 인간 영혼의 중심, 바로 그곳으로부터 오시는 분임을 깨닫지 못했다. 나는 우리가 가장 인간적일 때 가장 신적일 수 있다는 진리가 복음의 핵심에 있는 진리라는 것을 보지 못했다. 나는 아직 나에 대한 내 가족의 사랑이 곧 그리스도의 사랑이라는 것을 깨닫지 못한 것이다.

작년 여름, 뉴멕시코 주의 고원 지대에 있는 '태양의 집'에서 피정을 하고 있던 일군(一群)의 사람들에게 나는 이러한 주제들을 가지고 강연하고 있었다. 그 모임의 여성들 가운데 한 사람은 아이를 한 명 입양한 사람이었다. 그녀는 곧장 이렇게 지적했다. 서구 그리스도교의 구원관에 있어 지배적인 위치를 점하고 있는 모델은 우리가 하나님의 자녀가 아니라, 태생적으로나 근본적으로나 하나님의 양자/양녀라고 말하는 것과 마찬가지라고 말이다. 그 즉시 우리도 그렇다는 생각이 들었다. 미국의 코미디언 우디 알렌(Woody Allen)은 언제가 이렇게 말한 적이 있다. "내가 살면서 유일하게 유감스러워하는 점은 내가 '다른 누군가'가 아니라는 사실이다." 전형적인 우디 알렌식 유머다. 이는 대다수의 사람들이 자라면서 스스로를 바라보는 전형적이고도 비극적인 방식이기도 하다. 우리는 진정 우리 자신이 되는 것이 아닌, 우리와 다른 무엇이 되는 것을 삶의 목표로 여기지 않았던가.

서구 그리스도교 사상에서 '양자 입양'(adoption) 모델이 두드러진 이유 중 하나는 바울이 갈라디아교회에 보낸 편지가 번역될 때 4:5에서 우리가 하나님의 '자녀로 입양'(adoption as children)될 필요가 있는 것처럼 번역되었기 때문이다.(한국어 성서 개역개정판에서는 "아들의 명분을 얻게 하려 하심"으로, 새번역에서는 "자녀의 자격을 얻게 하시려는 것"으로 번역되어 있다. – 옮긴이주) 하지만 원래 자녀로서 받아 마땅한 유산을 마침내 받을 후사가 되는 것에 대한 이 유비 안에서 바울은 입양되어야 할 필요를 말하고 있는 것이 아니라 이미 우리의 것이었던 것을 소유할 필요를 가리키고 있다. 그리스어에서 '아포람바노'(*apolambano*)라는 동사는 '받다'(receive) 혹은 '(당연한 권리로서) 요구하다'(claim)이며, 그런 의미에서 그 뜻은 '받아들이다'이지 '자녀로 입양되다'가 아니다. 바울은 우리가 진정한 상속자라고 말하지 않고 '미성숙자'(minor)로 살고 있다고 말한다. 우리는 성숙에 이르도록 자라야 한다. 그리스도가 오신 것은 우리가 이미 받은 상속을 받을 수 있도록 우리를 인도하시기 위함인데 바울은 이를 두고 아테네에서 그리스 철학자들과 논쟁하면서 우리가 '하나님의 소생/자녀'(God's offspring, 행 17:28)임을 아는 것이라고 말한다. 이것이 바로 인간 영혼의 한가운데에서 울려 퍼지고 있는 노래다. 이 노래는 본디 우리 가족이 아닌 다른 가족 안에 편입될 권리를 추구하라는 낯선 멜로디가 아닌 것이다.

이와 같은 발견은 우리가 우리 자신과 서로를 바라보는 시각에 있어 급진적이리만치 근본적인 뜻을 함의하고 있다. 또한 그 지혜를 우리 아이들 영혼 깊은 곳에서 찾게 되리라는 것을 의미하기도 한다. 우리가 최악의 실패를 경험할지라도 우리 존재의 중심에서 힘을 찾을 것임을 의미한다. 이것은 다른 사람들, 심지어 우리를 심각하기 그지없는 수준으로 위협하는 사람들과의 관계에서조차 그들의 심장 깊은 곳에는 관계와 조화에 대한 갈망이 있음을 보게 될 것임을 의미한다. 그리고 다른 문화와 종교의 관계에서 우리가 가장 소중히 간직하는 진리로 서로 대적하는 것이 아니라 그 진리를 완성시키는 빛을 찾게 될 것임을 의미한다.

내 딸 키르스텐에 대해 반복해서 계속 꾸는 꿈속에서 나는 사람들이 그 아이에게 말한 내용과 그것으로 인해 그 아이가 느낀 것에 분노했다. 그리고 꿈에서 깨어난 지금 나는 그 분노의 감정을 버리지 않고 싶다. 어떤 아이도, 어떤 사람도 그런 대우를 받아서는 안 된다. 어떤 그리스도교 공동체 안에서도 그렇게 가르쳐서는 안 될 것이다. 나는 그 꿈이 단지 키르스텐이나 아이들에 관한 것만은 아니라고 생각한다. 그것은 또한 나 자신, 그러니까 잘못된 멜로디에 번뇌하는 젊고 감수성이 예민한 나의 어떤 부분에 관한 꿈이기도 하다.

그런데 잠에서 깨어났을 때 나는 특히 키르스텐과 그 아이만의 고유한 정체성에 대해 생각하고 있었다. 그러자 아이의 이름이 내 마음을 관통하며 흐르듯 지나갔다. '키르스텐 마가레트 아이오나.'(Kirsten Margaret Iona) 나는 내 자신에게 말하고 있었다. '키르스텐 마가레트 아이오나.' 나는 그 이름이야말로 그 아이가 누군지 새롭게 볼 수 있는 길임을 알게 되었다. 그 아이는 자기 자신과 다른 그 무엇이 될 필요도, 자기 안 가장 깊은 곳에 있는 것과 다른 어떤 것이 될 필요도 없었다. 그 아이는 키르스텐이고, 이 이름은 문자적으로 '한 분 그리스도'(Christ-One)를 의미한다. 그리스도께서 그러하셨듯이, 그 아이는 우리 한 사람 한 사람과 마찬가지로 하나님의 중심으로부터 왔다. 제라드 맨리 홉킨스(Gerard Manley Hopkins)가 그의 시에서 말하듯이, 그리스도의 모습이 곧 우리 자신이며(we are what Christ is)

또한 우리는 '불멸의 다이아몬드'다.[3] 그 아이는 또한 마가렛(Margaret)인데, 그 뜻은 '진주'다. 그 아이는 우리 각자와 마찬가지로 그녀의 존재에 돈으로 살 수 없는 눈부신 존귀함을 가지고 있다. 그리고 그 아이는 아이오나(Iona)이다. 아이오나는 순례자들이 치유를 위해 여행을 떠났던 바다 가운데 있는 신성한 섬의 이름이다. 그 아이는, 누구나 그러하듯이, 그녀 안에 이 세계에 새로움을 주고 평안히 존재할 수 있게 하는 거룩한 신적 에너지를 가지고 있다. 키르스텐 마가렛 아이오나는 한 특정인의 이름이지만 보편적 가족의 이름이기도 하다. 이처럼 우리 영혼의 깊은 곳에는 우리가 기억하도록 초대받은 한 멜로디가 있다.

---

3) G. M. Hopkins, "That Nature Is a Heraclitean Fire", in *Poems and Prose of Gerard Manley Hopkins*, ed., W. H. Gardner(Harmondsworth, England: Penguin, 1970), 66.

제3장

Christ of the Celts: The Healing of Creation

지구의 리듬

오늘날 물리학자들은 시간이 처음 시작되었을 때 울려 퍼졌던 소리를 우주 도처에서 감지할 수 있다고 말한다. 그 소리는 존재를 가진 모든 것을 관통하며 진동한다. 그 소리는 생명의 기원이 담긴 소리다. 비록 그 리듬이 무척 느려서 바닷속 불로(不老)의 암석들, 혹은 기나긴 세월 동안 지구에 떨어진 수많은 운석 조각들 안에 울려 퍼지는 그 소리가(그것들 중 일부는 우리 태양계의 생성보다 먼저 만들어진 것들인데) 우리 귀에 안 들린다 하더라도 말이다.

나는 지금 뉴멕시코 주의 고원지대 한가운데에서 이른 아침 조용히 앉아 있다. 며칠간 글을 쓰고 나니 내 주위의 어느 것도 들리지 않음을 깨닫는다. 지구는 겨울의 적막함 속에 빠졌고, 새벽은 거의 감지할 수 없는 희미한 색깔로 동쪽에서 떠오른다. 지난밤 가득 부풀어 올랐던 달은 이제 서쪽 거대한 암석대지 뒤로 살며시 고개를 숙였다. 이내 태양이 다시 떠올라 찬란히 빛날 것이다. 그리고 오늘 하루가 저물

무렵이면 나는 다시 작년 이맘때 내가 보았던 그 경이로운 풍경을 다시 보게 될 것이다. 새하얀 보름달이 동쪽에서 기어오르는 모습이며, 정확히 그것과 동시에 붉은 공과 같은 태양이 서쪽 지평선에서 겨우 한 뼘 떨어진 지점에 멈춰 서 있는 그 경이로운 풍경 말이다.

작년 겨울 내가 이곳에 머물었던 마지막 날, 나는 침니 록(Chimney Rock)으로 하이킹을 갔었다. 침니 록은 고원지대에 있는 사암(砂巖) 기둥인데 한때는 암석지대의 일부분이었으나 지금은 그곳에서 떨어져 나와 해가 저무는 장관을 마주하며 서 있다. 내 모든 관심은 서쪽 하늘에서 새빨갛게 타오르는 빛에 쏠려 있었다. 그런데 그때 바로 등 뒤에서 쉭쉭하는 갈까마귀의 울음소리가 들려왔다. 고개를 돌리는 순간 나는 그것을 보고 말았다. 이제 막 떠오르기 시작한, 화려한 광채를 내뿜는 달 말이다. 갈까마귀는 내가 놓치고 있던 것을 보게 해주었다. 하늘에 펼쳐진 천체(天體) 운동의 조화로운 화음을, 찬란하게 빛나는 일몰과 매혹적인 월출 사이의 완벽한 리듬을 볼 수 있게 내 주위를 환기시켜주었다. 그 순간 나는 내 안에서 고대인들이 '천체의 음악'이라고 불렀던 것을 들을 수 있었던 것이다.

켈트인들은 이 음악에 익숙했다. 스코틀랜드 북서쪽에 있는 헤브리디스제도(Hebrides)에서는 19세기에 이르도록 남자들은 아침이면 모자를 벗어 돋는 해를 맞이했고, 밤이면 여자들은 달에게 경의를 표하기 위해 무릎을 꿇는 관습이 있었다. 아침의 해와 저녁의 달은 하나님의 빛이었다. 켈트인들은 만물의 관계성을 들려주는 태고의 화음을 따라 움직였다. 그들은 또한 우주의 몸 안에 뒤섞여 있는 남성적 기운과 여성적 기운 사이에 울리는 영원한 리듬을 목격했다.

켈트인들은 또한 피조물에 의해 안내받는 관례에 익숙했다. 공중의 새와 바다의 물고기와 땅 위의 동물들은 감각을 잃지 않았다. 그들은 여전히 창조세계 안의 가장 깊숙한 리듬과 만물의 상호관계성을 알고 있다고 간주되었다. 그래서 사람들은 미지의 땅으로 여행을 떠날 때이든 아니면 기이하고 무서운 영역으로 정신적 여행을 떠날 때이든 다 이 피조물들의 도움을 얻으려 애썼다. 그간 놓치고 있던 천체의 화음에 주의를 기울이도록 나를 환기시켜준 그 갈까마귀처럼, 고대의 켈트인들은 그들의 삶의 여정에서 피조물들이 천체의 화음을 기억하는 것을 주의 깊게 보았던 것이다. 그런데 그들이 주의를 기울였던 것은 항상 부드러운 조화만은 아니었다. 피조물들은 때로 하나님의 맹렬한 기세와 창조세계 안에 있는, 길들일 수 없는 신적 에너지를 경고해주었다. 우리가 배워야 하는 것은 경외심을 가지고 지구의 리듬에 다가가는 것이리라.

몇 년 전 나는 아이오와 섬에서 한 70대의 여성을 만났다. 그녀는 자신의 영적 여정을 나에게 들려주었다. 그녀는 미국 남부지방에서 어린 시절을 보냈다. 매주 일요일 교회당에 가는 것은 가족의 습관이었다. 그런데 거의 60년 전 어느 일요일 아침, 그녀는 교회당에 앉아 있었고 예배는 절반 정도 끝났는데 개 한 마리가 강단 주위를 배회하기 시작하는 것이었다. 그 개는 중앙 복도를 어슬렁거리며 길을 찾더니 강단까지 나아갔다. 그리고 거기서 멈춰 쿵쿵거리며 냄새를 맡기 시작했다. 아니, 나는 여기서 당신이 상상하는 그 짓을 개가 했다고 말하려는 게 아니다. 그 개는 거기서 그냥 돌아서 나가버렸다. 개는 강단에서 나는 냄새를 좋아하지 않았던 것이다. "그때 나도 교회를 떠났어요."라고 그녀가 말했다. "그곳의 냄새가 별로였거든요. 그곳의 냄새는 왠지 자연스럽지 않았어요."

청소년기의 이 여성에게 자신이 믿는 종교에서 좋은 향기가 나지 않는다는 것을, 그리고 그 종교는 타고난 것(the natural)과 거룩한 것(the sacred), 영과 물질, 그리고 하나님과 창조세계 사이의 연결고리를 잃어버렸다는 것을 깨닫게 해준 것은 한 마리의 개였다. 세세히 따지자면 일면 기이한 점이 없지 않아 있지만, 그 이야기는 오늘날 서구에 사는 수많은 여성과 남성들의 이야기이기도 하다. 그들 역시 그리스도교 가정에서 태어났다. 하지만 그들 역시 더는 이 그리스도교 공동체의 식탁에 오지 않는다. 왜냐하면 그들 역시 거기에서 진정으로 풍성하게 양육되지 않았기 때문이다. 그들은 그들 안에 있는 타고난 것의 선함, 우리의 본성과 모든 자연 깊숙한 곳에 있는 거룩한 기원에 대해 직관적으로 알고 있었다. 하지만 그것에 대한 갈망은 무시되기 일쑤였고, 그들이 얻는 종교적 내용들은 창조세계의 선함에 대한 깊은 갈망 혹은 지식과 너무도 심하게 모순되곤 했다.

켈트 그리스도교 세계에서 역사적으로 중요한 첫 번째 사상가는 2세기 리옹에 살았던 이레네우스(Ireneus)이다. 그는 거룩한 것과 타고난 것 사이의 깊은 통합을 강조했다. 우리는 종종 켈트인들이 살았던 영토가 단지 아일랜드, 스코틀랜드, 웨일스, 콘월(Cornwall, 잉글랜드 남서부), 그리고 브루타뉴(Brittany, 프랑스 북서부 반도) 정도라고만 생각한다. 그러나 고대 세계에서 켈트인들은 중부 유럽 전체에 분포되어 있었는데, 동쪽으로는 터키까지, 서쪽으로는 스페인의 대서양 연안까지 걸쳐 있었다. 기원전 500년에 켈트인들의 광대한 부족망에는 갈라티아(Galatia, 옛 소아시아 왕국), 갈리시아(Galicia, 폴란드 남동부와 우크라이나 북서부), 그리고 갈리아(Gaul, 현재의 북부 이탈리아, 프랑스, 벨기에, 네덜란드, 스위스, 독일 등지의 고대 로마 속령)가 포함되어 있었는데, 이 세 지명의 뜻은 한마디로 '게일인들(Gaels)의 땅'이었다. 하지만 로마제국이 팽창하면서 켈트인들은 지금 우리가 켈트의 변두리라 부르는 브리튼(Britain)과 아일랜드(Ireland)까지 서쪽으로 밀리고 또 밀렸던 것이다.

이레네우스는 원래 소아시아 지방에 있던 요한 공동체의 출신이다. 그는 지금의 터키 이즈미르(Izmir) 지역인 고대 스미르나(Smyrna)에서 2세기에 주교였고 순교자였던 폴리캅(Polycap)에게서 배웠다. 폴리캅은 에베소에 있던 예수님의 애제자 요한, 즉 최후의 만찬 때 예수께 기대어 있어 하나님의 심장박동 소리를 들었던 바로 그 요한의 제자였다. 그렇다면 이레네우스는 요한의 직계 제자를 스승으로 둔 셈이다. 그래서인지 우리는 2세기 갈리아의 이레네우스로부터 특히 요한이 좋아했던 주제를 듣는다. "태초에 말씀이 계시니라"(요 1:1)라고 요한은 그의 복음서 서문에 적었다. 만물이 그 말씀으로 인해 존재하게 되었다. 요한은 우주를 하나님의 표현으로 보고 있는 것이다. 우주는 만물을 존재하게 하신 그분의 말씀으로 인해 존재하게 되었다. 그렇다면 우주는 하나님의 존재 중심으로부터 직접 온 것인 셈이다. 그래서 우리는 그 안에서 하나님의 심장박동소리를 들을 수 있는 것이다.

이레네우스는 창조세계가 하나님의 '실체'(substance) 바로 그것으로부터 나온 것이라고 말한다.[1] 우주를 구성하는 요소들은 어떤 중

립적인 실체로부터 형성된 것이 아니다. 창조세계는 어느 먼 곳에서 작동시킬 수 있게 설치된 것이 아니다. 생명을 이루는 물질은 하나님의 자궁으로부터 직접 나온 것이다. 동쪽 하늘에서 떠오르는 태양의 찬란함은 지금, 바로 이 순간 우리 위에 비추는 하나님의 영광이다. 달의 순백함과 바람의 야생성, 비옥한 땅의 습기는 지금 이 순간 임재하는 하나님의 백열광이고 야생성이며 또한 촉촉함이다. 그것은 우리 인간은 물론 창조세계를 지으신 하나님, 그분의 존재를 이루는 요소이다.

이레네우스는 당시 두 가지 큰 오류에 직면해 자신의 사상을 정립하고자 했다. 하나는 잔인한 방식으로 세계를 지배하면서 숱한 민족의 주권을 무시하고 지구의 자원을 불공정하게 강탈하는 로마제국이라는 오류였다. 또 하나의 오류는 새로이 고양된 영성 운동이었다. 그것은 우리 존재라는 물질 위에서 그리고 창조세계라는 몸을 넘어서 자신들을 나머지 인류와 물질적 자연으로부터 구원할 그노시스(gnosis) 혹은 더 높은 지식을 추구하는 운동이었다. 이 둘 다 이레네우스에게는 우주의 근본적인 진리, 즉 우주가 하나님으로부터 나왔고 그래서 이 우주는 그 안에 신성한 소리를 지니고 있다는 진리를 부인하는 위험천만한 것이었다.

이레네우스 시대의 이 두 가지 커다란 오류는 우리 시대의 제국들과 종교들이 범하는 오류와 그리 다르지 않다. 군사적 패권과 경제적 힘을 쥔 사람들은 지금도 여전히 민족들의 주권을 말살하고 있고

---

1) R. Grant, ed., *Irenaeus of Lyons*(London: Routledge, 1997), 150.

지구를 약탈하고 있으며, 그 영향력은 이전보다 훨씬 중대한 결과를 낳고 있다. 창조세계로부터 얼굴을 돌리는 종교의 가르침은 신자들을 다른 수많은 사람들과 창조세계라는 몸으로부터 분리시키는 진리를 지금도 여전히 전에 없던 방식으로 가르치고 있다. 하지만 이레네우스는 이러한 오류에 대항해 우리를 창조세계로부터 분리시키는 복음이 아니라 우주의 중심과 조화를 이루는 화음으로 인도하는 복음을 가르쳤던 것이다.

이레네우스는 처음 듣자면 복잡할 수도 있는 용어를 사용한다. 그는 그리스도가 창조세계를 '다시금 요약하는'(recapitulating) 분이라고 말한다.[2] 우리가 무언가를 요약한다고 해보자. 그럴 때 하는 것은 무엇인가? 한 번 더 이야기하지 않는가. 이미 이야기된 어떤 것을 반복해서 말하는 것이다. 하지만 조금 전에 말했지만 잊어버렸거나 모호한 점의 핵심을 집중적으로 다루는 식으로 말하게 된다. 이레네우스는 그리스도야말로 하나님이 가장 먼저 하신 일, 즉 창조주의 가장 깊고 본질적인 에너지인 창조세계를 지으신 일의 핵심이 무엇인지를 표현한다고 가르친다. 그리스도는 낯선 분이거나, 만물을 존재케 하시는 말씀과 전혀 무관한 분이 아니다. 그리스도는 태초에 계셨던 하나님의 말씀을 다시 요약하는 분이다.

나아가 이레네우스는 우리가 서구 그리스도교 유산 안에서 물려받은 무수히 많은 것들과 반대되는 충격적인 용어마저 사용한다. 그는 그리스도께서 '원초적인 것'(the primal)을 요약하신다고 말한

---

[2] *Ibid.*, 169.

다.[3] 그리스도는 우리를 원초적인 것, 그러니까 창조세계라는 몸은 물론 인간의 모습 안에 진정 순수하기 그지없는 원초적인 에너지와 우리를 다시 연결시키신다. 사실 우리는 이와 정확히 반대되는 가르침, 즉 그리스도께서 오신 것은 우리를 원초적인 것에서 떼어내 우리의 몸과 지구의 몸을 관통해 흐르는 기본적인 충동을 극복하기 위함이라는 가르침을 얼마나 많이 받아왔던가. 또한 그리스도께서 우리의 타고난 것과 거룩한 뿌리를 다시 일치시키기 위해서 오신 것이 아니라 반대로 우리의 타고난 것을 초월하게 하기 위해서 오셨다고 얼마나 숱하게 배워왔던가.

우리는 이레네우스 이후 켈트 그리스도교 세계의 저술과 예술 안에서 같은 진리가 강조되고 있음을 보게 된다. 앞서 언급한 것처럼, 켈트 십자가는 십자가와 원의 이미지를 결합하여 그리스도에 대한 사랑과 창조세계에 대한 사랑을 하나로 통합하고 있다. 그래서 켈트 십자가는 우리로 하여금 그리스도와 창조세계가 하나의 지점, 즉 하나님이라는 중심으로부터 나온 것임을 보게 해준다. 그리스도는 오셔서 우리를 그 중심에, 모든 생명의 일치된 기원이 되시는 분에게 다시 연결하신다. 이 말은 창조세계와 인간의 몸 안 가장 깊은 곳에 있는 에너지가 그 어떤 끔찍한 혼란도 혹은 왜곡도 없는 것인 양 말하려는 게 아니다. 이 말은 그 혼동과 왜곡의 이면 더욱 깊은 곳에는 생명의 신성한 중심이, 우리의 조화로운 화음을 회복할 수 있는 거룩한 원천이 있음을 말하고 그것을 기뻐하려는 것이다. 그리고 개인적이든 집

---

3) *Ibid.*, 173.

단적이든 우리가 가지고 있는 혼란과 왜곡의 한가운데 오신 그리스도는, 실재 그리고 우리의 육체적인 면 가장 깊이 있는 어떤 것으로부터 우리를 분리시키기 위해서 오신 것이 아니라, 우리를 다시금 모든 존재의 거룩한 기반 안으로 뿌리내리게 하기 위해서 오신 것이라고 말하려는 것이다.

켈트의 위대한 사상가들은 창세기 1장에 있는 근본적인 진리를 거듭 강조했다. 창세기 1장은 우리의 가장 깊은 정체성을, 우리 존재의 중심에 있는 하나님의 형상을 환기시키기 위해 사용된다. 또한 존재를 가진 모든 것의 본질적인 속성을 상기시키기 위해 사용된다. 창세기 1장의 창조 이야기에는 날마다 반복되는 문구가 있다. "그리고 하나님이 보시기에 좋았더라. … 그리고 하나님이 보시기에 좋았더라. … 그리고 하나님이 지으신 그 모든 것을 보시니 보시기에 심히 좋았더라."(창 1장) 여기서 창조는 단지 과거 어느 한 시점에서 일어난 것이 아니다. 창조는 끊임없이 태어나고 있다. 창조는 영원하신 분의 자궁으로부터 끊임없이 나오고 있다. 그리고 하나님은 태어난 것을 언제나 거룩하게 보고 계신다.

창조세계는 하나님의 선하심으로부터 나온 것이기에 선한 것이며 또한 하나님의 현현(theophany) 혹은 하나님의 중심을 드러내신 것으로 이해되고 있다. 9세기 아일랜드의 사상가인 에리우게나는 만약 선(善)이 단지 우주로부터 추출된(extracted) 것이라면 만물은 존재하기를 멈추었을 것이라 말한다. 왜냐하면 선은 단지 생명의 한 특징에 불과한 것이 아니라 생명의 본질 그 자체이기 때문이다. 선은 존재를 존재하도록 한다. 이는 악이 무존재이면서 생명의 거룩함을 파

피하거나 부인하는 것과 같은 이치다. 우리가 악해지거나 오류에 빠진다면 그만큼 우리는 참된 방식으로 존재하지 않게 되는 법이다. 에리우게나와 켈트 사상가들은 우리의 몸과 영혼의 가장 깊은 에너지와 지구의 가장 깊은 원형과 리듬을 하나님의 선하심의 현현으로 보라고 우리를 이끈다. 그리고 그리스도는 우리가 잊어버린 이 선함을 다시 말씀해주시는 분으로, 태초부터 우리에게로 오시는 말씀으로 이해하도록 인도해준다. 그리스도는 원초적인 것의 기억이며 창조세계의 가장 깊숙한 울림이다. 이것은 생명의 바깥 저 아득한 곳에서가 아니라 생명을 가진 모든 것 안 깊은 곳에서부터 울려나오는 거룩한 것을 들으라는 초대이다.

6세기의 아일랜드 사상가인 콜룸바누스(Columbanus)는 만약 우리가 창조주를 알기 원한다면 피조세계부터 알아야 한다고 가르쳤다. 그는 피조세계는 지구의 거룩한 리듬을 여전히 기억하고 있다고 말한다. 그는 또한 우리 안에 있는 피조된 것들, 즉 우리의 내적이고 외적인 감각들은 존재의 거룩함에 뿌리내리고 있는 것들로서 그것들을 존중하라고 강조한다. 우리는 때때로 우리의 외적 감각이 우리를 실망시킴을 안다. 사실 우리는 실제 존재하지도 않는 것을 보고 있다고 생각할 수도 있고, 우리의 눈은 우리가 보는 것을 다른 것으로 보이게끔 착각하게 만들 수도 있다. 그렇다고 해서 우리가 감각기관을 더는 사용하지 않게 되는 것은 아니다. 감각기관을 사용하는 안목을 키워 어떻게 보는 것이 가장 잘 보는 것인지를 배우려 한다. 우리의 내적 감각도 마찬가지다. 아이오나 섬에서 이야기를 나눈 그 여성처럼 우리가 생명의 온전성을 회복하려면 우리는 우리의 가장 깊은 곳에 있는 타고난 본성에 주의를 기울여야 하는 것이다.

우리가 아이오나에 있는 동안 조(Jo)라는 이름의 개가 있었는데, 그 의미는 게일어로 '생명의 불꽃'이라는 뜻이다. 조는 정말 그랬다. 정말로 생명의 중심으로부터 나오는 불꽃과 같았다. 조는 양을 지키는 콜리(collie)견이었고, 살아가는 내내 내면 가장 깊숙한 곳에 있는 자신의 본성에 충실했다. 조는 양들을 몰기 위해 살았고 그 일을 위해 숨을 쉬었다. 만약 조가 양을 모는 일을 하지 못하게 했더라면, 조는 아마도 어린아이들이나 트랙터 그리고 심지어 마당의 새라도 몰려 했을 것이다! 아이오나에 머무는 동안 조가 좋아했던 날은 일주일 중에서 수요일이었다. 수요일은 순례의 날로, 종종 100명에 이르는 사람들이 삶과 세계를 성찰하며 평화를 위해 기도하면서 11km의 길을 따라 섬을 돌았다. 그날 조는 아침부터 마음이 들뜬다. 조는 내가 양치기 지팡이를 손에 들고 나서기 훨씬 전부터 그날이 수요일이라는 걸 안다. 조는 벅찬 기쁨에 젖어 하루 종일 순례자들을 몰고 다닌다. 조가 기쁨에 들떠 풀밭 안으로 끝도 없이 빙빙 돌 때에는 난폭하게 보일 정도다.

하지만 발광해서 그렇게 내달리는 것은 아니었다. 조의 본성은 조절이 잘 되어 있었다. 그 본성 안에는 어떤 목적, 조가 중요하게 여기는 목표도 포함되어 있었다. 그것은 우리를 함께 묶는 것이었다. 그래서 우리가 그 섬의 한복판에 있는 은둔자들의 방에 조용히 다가갈 때에도 (사실 고대 켈트 수도사들이 은거를 위해 사용했던 벌통 같은 오두막은 이제 원형의 돌더미에 불과하지만) 조는 여전히 어느 누가 옆길로 빠졌거나 뒤처졌을까봐 신경을 쓰고 있었다. 마침내 우리가 모두 기도하기 위해 그 은둔자의 방에 원을 그리고 섰을 때 조는 그 방에 들어가 한가운데 앉더니 조용히 잠이 들었다. 양을 지키는 콜리견을 아는 사람이 근래 나에게 이렇게 말했다. "물론 조는 일을 내려놓은 것이지요. 이제 자기 일이 끝났거든요. 여러분을 둥글게 몰아 거기로 데려갔던 겁니다."

조의 가장 깊은 본성은 우리를 일치로 인도하는 것이었다. 그 본성은 특별히 콜리견에게 길러지는 것이다. 하지만 그것은 생명의 중심이신 분에게서, 만물을 내신 그분에게서 나온 본성이기도 하다. 모든 창조세계 안에는 다시 원을 만들어 하나 되려는 갈망이 있다. 그것은 신성한 갈망이다. 종종 조를 생각할 때면 그 갈망의 기억이 환기된다. 우리가 살면서 경험하는 고통과 숱한 배신은 그 거룩한 본성에 의구심을 갖게 하거나 아예 잊어버리게 할 수 있다. 하지만 존재를 가진 모든 것들의 중심에는 그것이 있다. 그것은 우리 안에서, 우리 삶의 가장 친밀한 관계들 안에서, 그리고 지구 공동체라는 거대한 관계성 안에서 다시 깨어나기를 기다리고 있다.

조는 우리가 아이오나에서의 섬 생활을 뒤로 하고 도시로 이전해 왔을 때에도 여전히 건재했다. 비록 에든버러에서 도시의 버스들을 몰려 했던 다소 아찔한 순간들이 있었지만 말이다! 일치에의 본성은 아무 장소가 아닌 특정한 장소에서 더 잘 발현되게 마련이다. 아이오나와 같은 신성한 장소에서 일깨워진 그 거룩한 본성이 계속 살아 있게 만드는 일, 그것이야말로 우리가 이루어야 할 영적인 도전이다. 또한 우리네 세상살이와 갈등으로 얼룩진 번잡해진 세상 안에서 그 본성에 충실하게 사는 것이기도 하다. 본성은 거기, 저 안쪽 깊숙한 곳에 있다.

　하지만 조에게 더는 자신의 본성을 따를 수 없는 시간이 왔다. 암세포가 자란 것이다. 브렌던이 아프기 시작한 다음 해의 일이었다. 내 느낌에 마치 조가 우리 가족의 고통을 떠맡은 것 같았다. 나는 조가 더는 계단을 오를 수 없었던 그날을 기억한다. 나는 조를 들어서 옮겨야 했고, 조를 들어 안자 순간 울음이 터져 나왔다. 조의 눈동자에는 슬픔이 깃들어 있었다. 아직도 우리 인간들은 이렇게 흩어져 있건만, 한데 몰고 모으는 삶을 살아온 조가 어떻게 우리 곁을 떠날 수 있단 말인가! 계단의 맨 꼭대기에 도달했을 때 나는 조의 시간이 다 되었음을 알았다. 더 있어 달라고 바랄 수는 없었다.

　곧바로 수의사와 약속을 한 다음, 조의 마지막 순간을 지키기 위해 가족을 가축병원으로 불렀다. 여섯 살 난 카메룬만 왔다. 수의사는 우리에게 자기가 곧 주사를 놓을 참인데, 그러면 20초 후에 조가 최후의 깊은 숨을 내쉴 것이라 이야기해 주었다. 우리는 조를 테이블 위로 올려놓았다. 그 탁자 높이는 어린 카메룬의 키와 정확하리 만큼 같았다. 카메룬은 최대한 조에게 가까이 기대어 마지막 20초 동안 그 모습을 듣고 보는 데 여념이 없었다. 카메룬과 조의 얼굴은 거의 붙어 있다시피 했다. 조가 마지막 숨을 내쉬는 순간 카메룬은 온전히 조와 함께 했다.

　잠시 후 수의사는 우리가 그 방을 떠나도록 친절하게 안내했다. 나는 카메룬에게 불꽃처럼 살았던 조의 삶과 평화롭게 맞이한 죽음에 감사하는 기도를 드리자고 제안했다. 우리는 기도했고 조용히 그곳을 떠났다. 집을 향해 걷기 시작하자 카메룬이 나에게 말했다. "아빠, 나 목이 아파요." 내가 말했다. "왜 목이 아프다고 생각하지?" 카메룬이 답했다. "울고 싶어서 그런 것 같아요." "나도 목이 아프구나."라고 말했다. 그렇게 우리 둘은 함께 목이 아파오는데도 참으며 집으로 걸었다. 가족들이 우리를 맞아주었다. 그날 밤 우리는 밤을 새워 조에 대한 이야기를 나누며 함께 울고 웃었다.

일치를 향한 우리의 본성에 무슨 일이 일어났는가? 피조물은 지구의 리듬을 안다. 피조물은 원래 우리가 한 부분이었던 그 단일성을 잊지 않고 있다. 그래서 켈트 세계에서 피조물은 우리를 존재의 중심이신 그분에게 다시 연결하기 위해 오신 그리스도의 메신저(messenger)들로 본다. 그들은 언제 일이 잘못 되는지를 안다. 그들은 언제 우리가 타고난 거룩한 것들과 연결이 끊어졌는지를 안다. 아이오나에서 나에게 자신의 영적 여정의 이야기를 들려준 그 여성은 60년 전 한 마리의 개의 본성을 따랐던 것을 조금도 후회하지 않았다. 하지만 그녀는 그녀의 삶의 대부분을 영적 공동체 없이, 그러니까 함께 기도하고 노래하고, 함께 본 것을 나누고 울고, 그리고 함께 우리의 삶과 세계를 치유하는 일을 긴밀히 함께 할 사람들 없이 살았던 것만큼은 깊은 회한으로 남아 있다.

피조물이 그리스도의 메신저라는 것은 우리에게 생명은 관계적이며, 우리는 하나의 지구 공동체로서 혼자가 아니라 서로 안녕을 찾을 수 있다는 것, 그리고 분리가 아니라 일치 안에서 온전함을 회복할 수 있다는 것을 우리에게 말해준다. 이것이 내가 아이오나에서 자신의 삶을 들려준 그 여성에게서 보았던 갈망이다. 그녀는 자신이 켈트 전통 안에 있었더라면 자신의 가장 깊은 본성에 대한 긍정하는 태도를 갖게 되었을 것임을 직감했다. 공동체 안에서 다시 관계성을 요구할 수 있는 길을 찾았을 것임을 직감했다. 하지만 이 더할 나위 없이 자연스럽고 하지만 슬픔에 젖은 여성은 이 한 사람만이 아니다. 그녀의 열망은 오늘날 서구 세계에서 수없이 많은 남성과 여성들의 열망이기도 하다. 타고난 것에 대한 우리의 신성한 본성을 따르는 것은 옳다. 우리 모두 함께 이 본성을 따르는 길을 찾을 때 우리의 열망은 지극히 깊은 차원에서 만족될 것이다. 왜냐하면 우리가 동행하는 순간이라야만 그 신성한 리듬이 가장 잘 들려오기 때문이다. 우리가 다시 하나가 되는 그때 우리의 일은 마무리될 것이다.

제4장 텅 빈 음표

    우리 가족은 1990년대 후반에 영국 남부지방에서 살았다. 포츠머스(Portsmouth)는 영국에서 사람들로 가장 붐비는 도시의 하나인데 이 도시의 주교는 영성과 정의를 연결시켜 사고하는 아이오나의 통찰력에 대해 말해 달라고 내게 요청했다. 포츠머스는 험한 도시로 과거의 고통스런 상처를 고스란히 간직하고 있다. 해군 항만 도시인 그곳은 항상 군사적 갈등을 정면으로 맞이하였다. 이 도시는 프랑스와 스페인 함대에 의해 불에 타 파괴되기도 했다. 제2차 세계대전 동안에는 나치스 독일 공군에 의해 폐허가 되기도 했다. 전쟁 후 도시는 재건됐지만 분명한 계획 없이 서둘러 지어지는 바람에 오늘날 사람으로 붐비고 과하다 싶을 정도로 길이 아스팔트로 포장된 도시가 되고 말았다.

    우리 가족은 포츠머스 사람들에게 큰 호의를 갖게 되었다. 하지만 처음에 특히 큰애들이 이전에 따르는 어려움을 겪었다. 헤브리디스 제도의 가장 아름다운 섬들 중 하나에서 수년 동안 맘껏 자유롭게 뛰놀던 아이들이 아니던가. 언젠가 아일랜드 출신의 내 친구 목사가 이야기했듯이, 아이오나는 창조의 첫날이 가지고 있었던 신선함을 지금도 여전히 간직하고 있는 섬이다. 풀밭은 생기가 넘치고 바위마다 붉은 빛으로 타오르며 바닷가는 청순하기 이를 데 없고 살찐 소들은 저마다 윤기가 자르르 흐른다. 물론 아이오나에도 거친 바람과 폭풍이 불어닥치긴 한다. 하지만 어떤 소란과 정적 속에서도 아이오나는 태초의 소리를 여과 없이 들을 수 있는 곳이기도 하다. 포츠머스의 차가운 콘크리트에서는 아무 소리도 들리지 않는데 말이다.

 포츠머스 교구는 우리 가족에게 이 도시에 있는 오래된 목사관을 숙소로 제공해주었다. 우리는 그 집을 성 요한의 집이라 불렀다. 우리는 그 집에서 생명의 심장박동이 되시는 분의 소리를 듣고 싶었기 때문이다. 사실 우리는 버림받았다는 느낌을 주는 이 낯선 도시에서 우리의 마음을 울리는 그런 소리가 몹시도 필요했던 터였다. 목사관에는 정원이 딸려 있었다. 오랜 세월 방치되어 있던 그 정원은 철망으로 둘러싸여 있었다. 하지만 우리는 우리의 기원이 된 태초의 정원에서 울리던 소리를 다시 듣게 될 곳임을 직감했다. 우리는 철망을 걷어냈고 정원을 덮고 있던 찔레와 가시들을 갈아엎기 시작했다. 한때 아름다운 정원이었던 그곳의 자취가 묻어나왔다. 내 안에서는 시편의 말씀이 반복해서 들려왔다. "하나님이 그 성 중에 계시매 성이 흔들리지 아니할 것이라. … 하나님이 그 성 중에 계시매 성이 흔들리지 아니할 것이라."(시 46:5)

 정원에는 자태가 빼어난 고목들이 많이 있었다. 나무들은 둥그스

름하니 원모양으로 서 있었다. 나는 그중 무화과나무 하나를 특하나 더 사랑했는데 많은 줄기와 가지들이 이리저리 엉켜 있는 육중한 나무였다. 나는 나무 아랫부분을 깨끗이 치웠다. 그러자 그 나무의 그늘은 곧 다른 사람들과 대화를 나누거나 가르칠 수 있는 훌륭한 장소로 변모했다. 또한 어린 아들 카메룬이 낮잠을 자는 장소가 되기도 했다. 포츠머스에 도착했을 때만 해도 품에 안긴 아기였다. 매일 우리는 아이를 유모차에 태워 무화과나무 아래 데려다 놓았다. 그곳은 부엌 창문을 통해 세심히 살피기에도 좋을 만큼 무척 가까웠던 것이다.

어느 날, 카메룬이 낮잠에서 곧 깰 시간이 되었다고 생각한 나는 정원으로 나갔다. 그런데 거기에 그 아이는 잠에서 완전히 깨어나 비할 데 없이 평온하게 유모차에 기대어 누워 있었다. 아이는 무화과나무 잎 사이로 빛이 반짝거리며 비치는 것을 보고 있었다. 나는 발걸음을 멈추고 그 모습을 지켜보았다. 이내 아이는 그 빛을 맞이하기라도 하듯 빛을 향해 양 팔을 들었다. 나는 창조세계를 통해 반짝거리는 그분의 영광과 이 아이 사이에 어떤 영적 교감이 이루어지는 것을 보고 있었다. 그때 나는 어쩌면 내 생애 가장 오래된 기억, 그러니까 어떤 나무 아래 누워 반짝거리는 빛을 보면서 흡사 카메룬과 똑같은 행동을 했던 내 모습이 떠올랐다.

아일랜드의 위대한 사상가 존 스코투스 에리우게나는 하나님이 우리에게 두 권의 책을 통해 말씀하신다고 가르쳤다. 하나는 작은 책인 '성서'다. 여기서 작다는 것은 물리적 크기가 작다는 뜻이다. 다른 책은 큰 책인데, 다름 아닌 '창조세계'로서 이 책은 우주만큼이나 크다.[1] 하나님이 성서를 통해 우리에게 말씀하시듯, 하나님은 창조세계를 통해서도 말씀하신다. 우주는 우리가 읽거나 해석하는 것을 배울 수 있는, 살아 있는 거룩한 텍스트나 다름없다. 우리가 그리스도인으로 살면서 기도하는 마음으로 성서의 말씀을 묵상하듯이, 그리고 다른 종교인들도 그들의 거룩한 경전을 연구하듯이, 우리는 창조세계에 깃든 모든 생명체를 하나님께서 거듭 들려주시는, 또 살아 있는 그분의 말씀으로 여겨 경청하도록 초대받았다.

문제는 우리가 그 언어의 알파벳을 거의 모른다는 점이다. 우리는 성서를 읽을 때와 같은 열심을 가지고 창조세계를 읽어내는 교육을 받지 못했다. 그런데 이는 우리가 창조세계라는 말씀을 접하지 못했기 때문은 아니다. 우리 생애 가장 초기의 기억들 중 일부는 창조세계를 통해 들려진 말씀이었다. 우리는 어릴 때 풀밭에 누워 무한한 하늘을 하염없이 쳐다보았던 것을 기억한다. 우리는 시골에 흐르는 개울이든, 비 온 후 도시의 배수구에서 흐르는 물이든, 그 위로 반사되는 빛을 동그랗게 눈 뜨고 지켜본 기억들을 가지고 있다. 이는 곧 우리가 창조세계라는 말씀에 접하지 못한 것은 아니라는 말이다. 지금도 그것에 접하지 못한다는 말도 아니다. 내가 말하고자 하는 바는 우리가 그것을 잊고 있다는 것이다. 그 이유 중 많은 경우는 우리가 창조세계의 거룩한 소리에 귀 기울이지 못하게 하는 교육을 받았기 때문이다.

영국의 시인 윌리엄 블레이크(William Blake)는 어릴 때 빛의 천

---

1) J. S. Eriugena, *The Voice of the Eagle*, trans. C. Bamford(New York: Lindisfarne Press, 1990), 37.

사들로 가득 찬 나무를 보았던 적이 있다. 그는 그 경이로운 광경을 아버지에게 말해주려고 집을 향해 달렸다. 그런데 아버지는 한 번만 더 그런 거짓말을 했다가는 혼쭐나게 두들겨 패줄 것이라고 말했다. 확실히 우리에게는 두들겨 맞아서 갖게 된 인식이 있다. 우리 내면의 귀는 침묵을 강요당했다. 근대 물질주의가 먼 옛날부터 물질 속에 들어 있던 음악을 제거했기 때문이요, 또 종교적 이원론이 물질적인 것과 영적인 것을 분리시켰기 때문이다. 근대 물질주의든 종교적 이원론이든, 우주의 기본 요소 속에 거룩한 소리가 배제됨으로 말미암아 텅 빈 음표나 다름없게 된 것이다.

에리우게나는 우리에게 이 두 권의 책을 스테레오로 들으라고 권고한다. 성서를 통해 인간 내면의 곤함에 귀 기울이고 그 안에서 하나님의 소리를 분별하라고 한다. 그리고 창조세계의 속삭이는 소리와 우레 같은 소리를 듣고 그 안에서 하나님의 음악을 들으라고 초대한다. 이 두 가지 중에서 한 가지만 듣는 것은 반쪽만 듣는 것이나 다름없다. 창조세계의 소리에 귀 기울이지 않고 성서만 듣는 것은 그 노래의 우주적 광활함을 놓치는 것이다. 성서를 듣지 않고 창조세계만 듣는 것은 그 목소리의 인격적 친밀함을 놓치는 것이다. 하지만 그 두 가지를 다 경청한다고 해서 받아들이기에 난감한 부분이 아예 없다는 얘기는 아니다. 성서라는 텍스트 안에서 우리는 적에 대한 보복과 증오에 대해서도 듣게 되는데, 이는 창조세계라는 텍스트 안에서 우리가 듣게 되는 의미 없는 고통만큼이나 받아들이기 난감한 것이다. 켈트인들은 그리스도와 동행하며 두 텍스트를 동시에 읽었다.

앞서 언급한 것처럼, 켈트 전통에서는 그리스도가 하나님의 가장 깊은 중심으로부터 오신다. 따라서 그리스도는 하나님의 중심, 그 한 가운데 무엇이 있는지 우리에게 드러내주시는 분이다. 켈트의 높이 솟은 십자가들은 그리스도와 창조세계에 대한 쌍둥이 사랑을 이야기한다. 그 십자가들은 또한 두 텍스트들, 즉 큰 책과 작은 책에 대한 열정을 이야기한다. 예술성이 담긴 켈트 십자가에는 성서의 이미지와 창조세계의 이미지가 포함되어 있다. 대대로 아이오나에 높이 솟아 있는 천 년이나 된 성 마르틴(St. Martin) 십자가의 경우처럼, 한 쪽은 온전히 성서의 이미지에, 다른 쪽은 온전히 창조세계의 이미지에 충실하고 있다. 두 디자인 모두 십자가를 담고 있다. 그리스도 안에서는 그 둘 모두 읽어낼 수 있다. 하지만 두 텍스트 중 어느 것에서도 우리는 그 의미를 단지 수동적으로만 받아들이지는 않는다.

우리는 요한이 예수 그리스도 안에서 들었던 심장박동 소리를 그 두 가지 텍스트에서 다 들을 수 있다. 우리는 그 두 가지 성서를 통해 인간 영혼 속에 뒤섞인 통찰과 혼동 속에서도 들려오는 그 심장박동 소리를 듣는다. 창조세계 안에서 우리는 우주의 영광과 탄생의 진통을 통해 하나님의 소리를 듣는다. 혼동과 탄생의 진통에서 멀리 떨어진 곳에서 듣는 것이 아니라 그 안에서 듣는다. 또한 감화와 영광 안에서 듣는다. 그곳이야말로 그리스도의 자리요, 십자가의 자리다. 하지만 오늘 삶의 자리에서 우리를 일깨우는 것은 무엇이며, 또 우리를 혼동에 빠지게 하는 것들은 무엇인가? 우리가 사는 이 세계와 지구에서 과연 영광은 무엇이며 또 고통스런 격변들은 무엇인가? 우리는 이 모든 것들 안에서 우리의 생명과 아울러 우주 전체가 비롯된 그분의 심장박동 소리를 듣도록 초대받은 것이다.

교회가 '무로부터의 창조'라는 교리를 가르치기 시작한 것은 그리스도교가 4세기에 로마제국의 종교가 된 이후부터였다. 이에 대응하여 켈트 사상가들은 창조세계가 무로부터 나오지 않았음을 수세기에 걸쳐 끊임없이 말했다. 창조세계는 하나님으로부터 나왔다. 물질과 지구에 대한 서구 그리스도교의 태도에 지대한 영향력을 끼친 무로부터의 창조라는 교리는 우주를 이루는 기본적인 요소들이 어딘가 멀리 떨어져 있는 조물주에 의해 무로부터 만들어진 것이라는 인상을 심어주었다. 이런 교리는 물질의 가치를 부정한다. 이런 교리는 우리의 몸을 포함한 물리적 우주는 성스런 실체가 아니라 텅 빈 실체로 이루어졌다고 말한다. 물질은 기껏해야 영혼의 변변찮은 하인으로 존재한다. 최악의 경우 물질은 영혼을 거스르는 무시무시한 적이다.

원죄라는 교리가 한 제국이 세상을 지배하고 대중들에게 진리가 무엇인지 지시하는 데 있어서 편리한 신조였듯이, 마찬가지로 무로부터의 창조라는 교리는 세상 권력이 지구에 대해 무엇이든 맘대로 할 수 있게 만들어주는 교리가 되었다. 그 교리는 창조세계의 자원을 강탈해 자기만을 위해 불공평하게 사용해도 어떤 벌도 받지 않게 만들었고, 여성의 월경과 출산의 힘을 포함하여 인간 안에 있는 땅과 가장 가까운 에너지를 교회의 축복이라는 미명 아래 버젓이 복속시킬 수 있었다. 초기 켈트 사상가였던 펠라기우스가 원죄라는 교리에 반대했다는 이유로 정죄받은 것처럼, 그는 자연이라는 선물은 은총이라는 선물처럼 거룩하며 따라서 바르게 분배되어야 한다고 가르쳤다는 이유로 추방당했다. 펠라기우스는 영원한 지혜의 여성적 본성을 존중하면서 여성도 로마의 시장터에서 성서를 읽고 공부할 수 있게 배워야 한다고 가르쳤다. 그렇게 4세기 말에 이르러 제국의 교회 안에서 벌써 규범이 되어버린 여성의 종속에 도전함으로써 경원(敬遠)되었다.

이후 세계의 제국들에게는 어떤 일까지도 허용되었는가? 그리고 도대체 오늘날의 제국들에게는 또 무엇이 허용되고 있는가? 오늘날 필요한 그리스도의 새로운 탄생이 이루어져 지구의 단일성(oneness)과 신성함에 대한 의식이 무르익으려면, 또 신이 부여한 여성성뿐 아니라 신이 부여한 남성성이 그리스도교 공동체 안에서 회복되는 일에 전적으로 기여할 만한 지혜가 새롭게 나타나려면, 우리는 물질 안에서 그리고 지구의 가장 깊은 에너지 안에서 그분의 심장박동 소리를 듣는 법을 배워야 한다. 우리는 우주의 음표가 결코 공허한 울림이 아님을 분명히 말해야 한다. 왜냐하면 그 음표는 하나님으로 채워져 있기 때문이다.

이러한 생각은 우리가 물질을, 인간의 몸이라는 물질을, 지구라는 물질을, 그리고 몸 정치라는 물질을 접하는 방식과 또 자주적인 국가들로서 우리가 서로 관계 맺는 방식을 근본적으로 바꿀 것이다. 그것은 우리를 자유롭게 하여 관계 안에서, 우리 안에 그리고 우리 몸 안에 또한 지구 안에 맥박 치는 가장 깊은 에너지로 움직일 수 있도록 해준다. 공포에 의해 움직이는 것이 아니다. 무로부터의 창조라는 교리는 우리가 피조물에 대해 그리고 지구의 자원에 대해 참담하기 그지없는 결과를 낳는 일들을 하게 해왔다. 그런데 그 중에서도 가장 고통스러운 것은 우리의 존재 깊은 곳에 있는 육체적이고 성적 에너지에 대해 잘못 접근하게 만든다는 것이다.

성에 대한 접근에 있어 나타나는 현저한 공포는 그리스도교가 제국의 종교로 전환하던 4세기에도 역시나 발견된다. 이 시기 우리의 자연스런 성적 끌림과 육체적 합일에 대한 갈망은 우주의 춤이 가진 가장 깊고 거룩한 표현의 하나로 간주되기보다, 서서히 하나님 본성의 리듬에 반대되는 것으로 다루어졌다. 하나님을 모든 생명이 비롯된 일치(Unity)로, 따라서 우리의 영혼과 몸 안에서 하나가 되고자 하는 거룩한 욕망을 불러일으키시는 분으로 보기는커녕 영적인 것과 물리적인 것 사이에 비극적인 분리가 시작되었다. 교회는 신약성서의 초기 사본들이 예수에게 형제와 자매들이 있었음을 아주 분명히 말하고 있음에도 불구하고, 마리아의 영원한 처녀성에 대한 믿음을 부각시키기 시작했다. 마찬가지로 교회는 순결이 결혼보다 더 높은 영적인 길이라고 가르치기 시작했다.

흥미로운 점은 켈트 세계에서 특별히 신봉된 요한복음 안에는 마리아가 한 번도 처녀로 언급되지 않는다는 점이다. 하지만 다른 어느 복음서 전통보다 마리아는 요한복음 안에서 더 큰 존경을 받는데, 그 이유는 그녀가 처녀이기 때문이 아니라 거룩한 생명을 낳고 기르신 어머니이기 때문이다. 요한복음에서 예수의 가족관계에 대한 첫 번째 언급은 '나사렛 요셉의 아들'(요 1:45)이다. 거룩하신 분이 우리 가운데 잉태되었다고 말하기 위해 자연세계 안에 있는 기초적인 리듬과 출산의 양식을 굳이 거스를 필요가 없다. 아이는 누구나 태어날 때 거룩하게 탄생한다. 거룩하신 분이 관여하지 않는 피조물의 수태는 하나도 없다. 그리스도의 복음은, 하나님이 자연적인 것을 거부하지 않고서는 혹은 초자연적인 행동을 통하지 않고서는 이 땅에 태어날 수 없다는 식의 기묘한 진리를 드러내지 않는다. 그리스도의 복음은 가장 소중하고 숨겨진 진리, 즉 그리스도의 모습이 곧 우리 자신(we are what Christ is)이며 우리는 하나님으로부터 나왔고 따라서 모든 인간과 피조물의 한가운데에는 모든 것들이 존재하게 만든 태초부터 있었던 그 빛이 있다는 진리를 드러낸다.

하지만 그리스도를 우리와 본질적으로 낯선 어떤 진리를 체현하고 계신 분으로가 아니라 우리 존재의 가장 깊은 진리를 계시하는 분으로 본다고 해서 그것이 그리스도의 사역이나 인격을 축소시키는 것은 아니다. 그리스도의 유일무이함과 신비의 의미를 우리의 고정관념, 즉 인간이 되는 것이 무엇인지에 대해 우리가 가진 선입관 정도로 축소시키는 것도 아니다. 오히려 그것은 인간의 영혼과 창조세계라는 몸의 중심에 있는 것에 대한 우리의 상상력을 회복하고 고양시키려는 것이다. 또한 우리를 비롯해 모든 만물이 영원하신 하나님의 자궁으로부터 탄생했음을 기억하려는 것이다. 우리가 그리스도에게 영광을 돌리는 이유는 그가 어떤 배타적 진리, 혹은 오직 그에게만 속한 어떤 진리를 체현하고 있기 때문이 아니다. 우리가 그리스도 앞에 머리 숙여 절하는 이유는 그가 진리의 가장 포용적인 것, 즉 우리가 망각했거나 우리 안에서 또 하나의 지구 공동체로서 우리 사이에서 잃어버린 진리, 그러니까 우리의 존재와 전 우주를 구성하는 요소 바로 그것들이 하나님으로부터 직접 온 것임을 드러내주시기 때문이다.

5세기에 이르러 교회가 타고난 것(the natural)을 거룩한 것(the holy)으로부터 매우 극단적으로 분리시키는 바람에 아기 예수가 마리아의 자궁이 아닌 마리아의 귀에서 잉태되었다는 터무니없는 묘사까지 나올 지경이었다. 아마도 목 아랫부분과 접촉함이 성령에게 도

무지 어울리지 않는 행위로 여겼음이 틀림없다. 단지 우스갯소리로 넘겨 버리기에는 통탄하고도 남을 만한 묘사다. 그 묘사가 그렇게 커다란 손상을 끼치지 않았더라면 그저 단순한 착각이라고 말할 수도 있을 것이다. 그러나 그러한 묘사는 수세기에 걸쳐 그리고 오늘날의 수많은 남자와 여자들의 마음과 삶 속에도 말로 다 할 수 없는 심각한 파괴를 낳은, 육체적인 것과 영적인 것의 비극적 단절, 성적인 것과 거룩한 것의 비극적 단절을 대표한다. 물론 우리의 성적 에너지는 이기적 욕망에 의해 감염되었고 인류 역사에서 가장 끔찍한 지배나 오용과 연루되어 있긴 했다. 하지만 성이 진정 표현될 수 있는 방법을 우리가 자꾸 잊는 것은 정확히 말하자면 성의 거룩한 뿌리를 망각하고 있기 때문이다.

처녀탄생이라는 교리는 무로부터의 창조라는 교리가 가져온 자연스런 결과다. 또한 원죄라는 교리의 자연스런 추론으로도 볼 수 있다. 처녀탄생이라는 교리는 우리가 본질적으로 하나님으로부터 만들어진 존재가 아니라 하나님과 반대되는 존재임을 가정하는 것이다. 그 교리는 우리 몸 가장 깊은 곳에 있는 음표가 신적 음조, 즉 거룩한 분의 탄생에 일조하고자 하는 신적 음조로 떨리고 있다고 보지 않는다. 오히려 반대로 그 음표가 거룩한 음을 상실했다고 가정한다. 오늘날 우리가 물질의 신성함을 깨우쳐 창조세계의 의식 발전에 기여하려면 그리스도교의 한 가족으로서 우리가 받은 많은 교리에 담긴 숱한 오류를 밝힐 수 있는 창조적인 방법을 찾아야 할 것이다. 만약 우리가 처녀라고 말할 때 그 의미를 이사야의 예언처럼(사 7:14) '순결을 영원히 간직한 처녀'로서가 아니라 단지 '젊은 여성'이라고 받아들인다면, 앞으로는 이 단어를 사용해서는 안 될지도 모르겠다. 반대로 우리가 마리아를 잉태자와 출생자로, 자신을 개방해 새로운 시작의 거룩한 씨앗을 받아들이는, 우리 안에 있는 영원한 여성적 에너지의 표현으로 본다면, 마리아를 다시 사랑할 길은 물론 오늘의 세계를 위해 더없이 위대한 분으로 표현할 길도 찾게 될 것이다.

요한복음에는 다른 마리아, 즉 예수의 어머니 마리아와 동등하게 신봉되는 막달라 마리아가 있다. 오늘날 고대 사본이 복원됨으로써 우리는 이전에 몰랐던 예수님에 관해 많이 듣게 되는데, 그 중에는 흥미롭게도 막달라 마리아가 예수님의 삶의 동반자였다는 이야기가 포함되어 있다. 물론 지금으로서는 그럴 수도 있다는 정도로만 말할 수 있다. 그러나 이 이야기에 우리가 주목하게 되는 이유는 그 이야기가 다시금 성적 합일의 본질적인 선함과 자연의 가장 깊은 형태의 거룩함을 철저하게 긍정하는 길을 찾고자 하는 갈망에 뿌리내리고 있기 때문이다. 사실 예수님과 막달라 마리아 사이에 있었던 소중한 관계의 징표들을 찾기 위해 꼭 신약성서 정경의 범위 너머까지 두리번거릴 필요는 없다. 요한복음을 보면 부활하신 그리스도는 그녀에게 처음 나타나지 않는가.

그의 현존을 갈망하는 사람에게 그리스도가 오신 곳은 정원이었다. 처음에 막달라 마리아는 그를 정원사인 줄로 착각했다. 어떤 점에서 그는 정원사다. 그는 우리의 기원이 된 태초의 정원에서 오셨다. 그는 오셔서 우리 안 가장 깊은 곳에 있는 것, 하나님 안에 있는 우리의 기원을 가르치신다. 그런데 막달라 마리아가 그분을 알아본 것은 오직 그분이 그녀의 이름을 불렀을 때다. 그리스도는 일반적으로 관찰되는 분이 아니다. 그는 친밀한 관계 안에서 나타나신다. 그는 우리 존재의 정원 깊은 곳으로부터 오신다. 그 정원은 우리 각자의 이름이 불리는 곳이다. 그는 오셔서 우리의 몸과 영혼과 또 존재를 가진 모든 것의 거룩한 기반이 되시는 분, 그분의 신성한 뿌리로 우리를 다시 연결시키신다.

에리우게나는 첫 번째 정원, 즉 모든 생명이 탄생한 그 태초의 정원에 대한 성서의 이야기를 주석하면서, 저녁 산들바람이 불 때 하나님이 정원을 걸으셨다는 구절에 주목했다. 아담과 이브는 그들 자신과 정원 한가운데 있는 분에게 잘못을 저질렀다. 그들은 숨었고 존재의 나신(裸身)을 가렸다. 창세기에서 하나님은 그들에게 이렇게 물으신다. "네가 어디 있느냐?"(창 3:9) 에리우게나는 하나님이 우리 존재의 정원 안에서 영원히 걷고 계신다고 덧붙인다. 그리고 우리가 왜 숨었는지, 왜 우리의 본성을 가리는지, 또 왜 우리의 가장 참된 기원으로부터 멀리 떨어진 곳에 사는지 물으신다. 우리 영혼의 기원인 곳에 계신 하나님은 "네가 어디 있느냐"고 물으신다고 에리우게나는 말한다.[2]

우리는 어디 있는가? 오늘날 개별적 존재로서 우리는 어디에 있는가? 우리 삶의 가장 중요한 관계들 안에서 우리는 어디에 있는가? 종교인들로서 그리고 민족들로서 우리는 어디에 있는가? 하나의 지구 공동체로서 우리는 어디에 있는가? 혹 우리는 우리의 진정한 본성으로부터 그리고 생명동산의 가장 깊은 음표로부터 숨고 있지는 않

---

[2] Eriugena, *Periphyseon*, 500.

은가? 혹 우리는 여전히 에덴으로부터 들리는 그 목소리, 우리의 이름에, 우리의 가장 깊은 정체성에, '땅의' 아담과 '생명의 자궁' 이브에 응답하도록 우리를 초대하는 그 목소리로부터 우리를 단절시키고 있지는 않은가?

내가 포츠머스의 정원에 서서 무화과나무 아래 있는 카메룬을 바라보던 순간 나는 내 삶의 아주 어렸을 때의 기억을 맞아들였다. 그 기억은 내가 멀어진 그것을 볼 수 있는 길로, 지금 만물을 통해 반짝거리는 그 빛을 황홀하게 쳐다보는 길로 나를 다시 불렀다. 그 기억이 한 아이를 통해 나를 찾아왔다는 것은 놀랄 일이 아니다. 어린 카메룬은 잊지 않고 있었던 것이다. 아이는 그때까지도 정원의 음악 속에서 자연스럽게 살아 있었던 것이다. 아이는 그 음악의 음표가 이파리 사이사이로 춤추는 것을 보고 있었다.

제5장 사랑의 음성

Christ of the Celts: The Healing of Creation

    작년에 뉴멕시코를 방문하면서 나는 푸에블로(Pueblo)의 한 지도자와 대화를 나눌 수 있었다. 우리는 해가 지는 고원 한가운데를 응시하며 서 있었다. 서쪽 하늘은 붉게 물들었고 고원과 멀찍이 보이는 암석대지는 황토빛과 붉은빛으로 타오르고 있었다. 우리는 주위의 땅과 하늘을 통해 창조세계의 활력이 맥박 치는 것을 보았다. 잠시 후 나는 만물 안에서 하나님의 고동소리를 듣는 켈트의 풍습에 대해 조금 길게 이야기했다. 내 이야기가 끝났을 때 그는 웃으며 내게 말했다. "네 우리도 그 심장박동 소리를 알지요." 그리고 그는 자기 몸에 걸치고 있던 북을 두드리기 시작했다. 그의 조상들이 영원과 다를 바 없는 긴 시간 동안 알고 있었던 오래된 땅의 리듬을 두드리기 시작했다. 디-둠, 디-둠, 디-둠, 디-둠.

    나는 그가 아주 깊이 깨닫고 있던 바를 말하려 했다는 점에 당황

했다. 그러나 그보다 더 당황스러웠던 것은 나를 감싸고 있던 그 사람의 겸손함이었다. 그는 선생처럼 나를 가르치려 하지 않았지만, 단순한 북소리로 자기 부족의 오래된 믿음을 나누었을 뿐만 아니라 내가 두 번 다시 잊지 못할 것을 듣는 경험을 하게 해주었다. 이제 나는 더는 그 북소리에 대해 단순하게 생각하거나 이야기할 수 없었다. 나는 그 소리가 내 존재 안에 있음을 알게 되었고 내 안에서 울리는 그 진동을 듣고 있었으며, 내 몸 안에서 그리고 지구의 몸 안에서 그것을 느끼고 있었다. 나는 그 사람이 이토록 겸손할 수 있는 것은 우리가 듣고 있는 그 소리 때문임을 알 수 있었다. 그것은 선물 그 자체였다. 크고 강력하면서도 친밀하고 부드러운 선물이었다.

내가 무엇이든 터득하는 데 시간이 걸리는 사람이긴 해도 북소리와 심장박동 소리 사이에 연관성이 있다는 것을 왜 더 분명하게 알지 못했는지 나 자신도 모르겠다. 아마도 그것은 서구 그리스도교 전통이 내 안에서 형성해온 것보다 더 깊고 실제적인 앎의 방법이었을 것이다. 그런데 내가 물려받은 그리스도교 문화유산이 토착 지혜에 대해 전혀 무지하다는 점 때문에 더 가슴 아팠는지도 모르겠다. 나는 캐나다에서 자랐다. 그곳은 원래 원주민들의 땅이다. 나는 그곳의 여러 호수와 계절의 변화와 하늘을 깊이 사랑하지만, 거기 살았던 최초의 사람들에 대해 아는 실질적인 지식이라고는 하나도 없었다. 내가 물려받은 편견은 대개 언외(言外)의 무의식적인 것이었지만, 그 편견은 널리 퍼져 있다. 나는 이 캐나다 원주민들(First Nations)에게 지혜를 찾아보겠다는 기대를 품어본 적이 없다. 오히려 그 반대다. 내가 훈련받은 것은 그들의 문화적 잔재만 겨우 보는 것이었다.

나는 다소 최근에서야 이런 관점에 의구심을 가지게 되었다. 2002년 초 나는 캐나다 남서부 서스캐처원(Saskatchewan)에 있는 프린스 앨버트(Prince Albert)에서 강연을 하고 있었다. 주최자는 켈트 영성과 크리인들(Creed, 본래 캐나다 중앙부에 살았던 원주민들)의 오랜 통찰력, 그 둘 사이에 어떤 공통점이 있음을 느꼈다. 그래서 그는 실버 레이크(Sliver Lake) 보호 거주지에 있는 원주민 지도자들에게 이 이야기를 했고, 그들은 나를 그들의 멋진 움막으로 초대했다. 그 초대가 얼마나 큰 영예인지를 알았기에 나는 큰 설렘을 가지고 그 시간을 기다렸다. 하지만 만일 내가 그 멋진 움막에서 무엇을 하는지 조금이라도 알았더라면 상당한 두려움을 가지고 거기에 갔을 것이다.

아홉 명의 원주민 지도자를 포함하여 우리 열두 명은 아침 일찍 움막 근처에 모였다. 움막의 높이는 1.5m 정도였고 지름은 3m에 이르는데, 둥글게 생긴 이 집은 휘어진 나뭇가지로 골조를 세우고 담요나 짐승의 가죽으로 덮어 놓았다. 옆에는 천 조각이 드리워져 있었고 우리는 그곳에 들어가기 위해 머리를 숙여야 했다. 움막 한가운데에는 구덩이가 하나 있었다. 밤새 불을 지폈는지 돌들은 뜨끈뜨끈 달궈져 있었다. 우리는 둥그렇게 앉아 옷을 벗었는데, 어깨와 어깨가 부딪히며 서로 맨살이 닿은 채 둘러앉아 있었다. 움막자락이 닫혔고 우리는 완전한 어둠 속에 들어갔다.

나를 위해 가장 나이 많은 장로가 영어로 짧은 환영사를 했다. 이어서 그가 크리어로 말하며 샐비어 이파리를 바위 위로 뿌리자 불꽃이 튀었고 움막 안에는 향기가 퍼졌다. 단조로운 노래와 덤불 두드리는 소리 그리고 북소리가 나기 시작했다. 움막 안은 이내 후끈해졌고,

저마다 시원한 땅을 향해 허리를 굽히고 있다는 느낌이 들었다. 지도자는 가문비나무의 어린 가지를 물에 담그더니 불타는 바위 위로 뿌렸다. 물을 튀길 때마다 구덩이에서 수증기가 피어올랐다. 그는 계속해서 물을 뿌렸다. 이제 단순히 땅을 향해 몸을 굽히는 그런 차원이 아니었다. 우리는 땅을 끌어안았다. 우리 몸이 열기로 뜨거웠기 때문에 땅의 시원함을 껴안지 않고서는 도저히 견딜 수가 없었던 것이다. 둥그렇게 모여 있는 사람들 중 누군가 내가 이해할 수 없는 울음소리를 냈고 나는 그 소리를 더는 견딜 수 없을 것 같았다. 마지막 울음소리가 잦아들자 움막자락이 젖혔다. 땅의 네 방향을 가리키는 4부 중 제1부가 끝난 것이다.

우리는 서쪽부터 시작했다. 그곳은 해가 지는 쪽이자 가을이고 지구가 죽는 시간이다. 다음으로 우리는 북쪽을 향했다. 그쪽은 겨울이고 불모의 계절이다. 각각 20여 분씩 진행된 뒤 대부분의 장로들은 천막 안에 그대로 남아 앉아 있었지만, 나는 신선한 공기를 마시기 위해 밖으로 나갔다. 제2부가 끝나고 천막자락 옆에 섰는데 나는 매서운 겨울 추위 속에 실신할 것 같았다. 몸을 어디에 두어야 할지 몰랐다. 나는 생각했다. 섭씨 영하 약 40도가 되는 눈 위로 쓰러질 것인가, 아니면 섭씨 65도가 넘는 움막 안으로 들어갈 것인가? 나는 내 옆에 있던 내 나이 또래의 가장 젊은 장로에게 말했다. "내가 아무래도 몸져 누울 것 같습니다. 여기에서 그만두어야 할 것 같습니다." 이전까지만 해도 젊은 장로는 이 예식에 대해 말하기를 주저했지만 그때는 나에게 지혜를 주기로 결정했다. 그에 관해 알아갈수록 나는 그가 자신의 지혜를 나에게 나누지 않으려 하는 것이 아님을 더욱 알 수 있었다. 다만 자신이 스승인양 나보다 높은 위치에 서고 싶지 않았던 것이다. 하지만 내가 도움이 필요한 시점에 이르자 드디어 그가 입을 열었다.

"제가 지금 말하려는 것은 당신 몸이 당신을 통제하고 있다는 사실이지요." 그가 말했다. "당신 몸은 지금 일어나고 있는 일들을 좋아하지 않습니다. 그래서 지금 한탄하고 있는 거지요. 그러나 우리는 몸이 우리 존재의 중심이라고 믿지 않습니다. 만약 당신이 극도로 견디기 힘든 움막 안으로 되돌아가면, 아마도 당신의 마음은 자신이 당신을 통제하고 있으며 거기를 떠날 그럴듯한 이유를 만들어낼 것이라고 당신에게 말할 것입니다. 그러나 우리는 마음이 우리 존재의 중심이라고도 생각하지 않습니다. 우리는 우리의 몸과 정신보다 더 깊은 밑바탕, 우리와 만물과 온 생명의 기초이신 그분 안에서 새로워지려고 하는 것입니다." 그리고 그는 나에게 얼음처럼 시원한 물을 주었다. 그가 한 말이 물과 함께 내 안에서 섞이며 나에게 힘이 되었다. 이어지는 3부와 4부는 더 뜨거웠다. 불에 달궈진 시뻘건 돌들이 더해졌다. 하지만 그 젊은 장로는 내 안에 그 예식을 축복으로 받아들일 수 있는 길을 열어주었다.

남쪽을 향한, 녹색과 새 생명의 계절인 여름을 의미하는 제4부가 끝났다. 우리는 그때까지도 벗은 차림 그대로였고 가까운 오두막의 시원한 맨바닥에 누워 몸을 식혔다. 모두 조용히 누워 있었고, 뭉근한 불에 삶은 야생딸기에 꿀을 넣은 그릇이 둥그렇게 둘러앉아 친교를 나누는 우리에게 건네졌다. 대지(大地)가 낸 그토록 달콤한 맛을 맛본 적이 일찍이 없었다. 잠시 후 나는 침묵을 깨고 질문을 던졌다. "각 부마다 시작할 때 반복해서 부르던 노래의 뜻은 무엇입니까?" 최소한 1

분 동안 아무 대답이 없었다. 뭐라도 대답해 주겠거니 하는 희망을 다 포기하고 한참이 지나서야 가장 나이 많은 장로가 입을 열었다. "당신을 위해 기도하고 있었습니다." "그리고 당신의 사람들을 위해서도요." 나의 사람들, 그러니까 그의 사람들에게 그렇게 못된 짓을 한 나의 사람들을 위해 기도하고 있었단 말인가. 나의 사람들, 그러니까 그의 사람들 안에 있는 사랑과 지혜의 소리를 들을 수 없는 나의 사람들을 위해 기도하고 있었단 말인가.

이 일이 있은 후 몇 달이 지나도록 이 일에 대해 이야기할 때면 꼭 울거나 눈물을 글썽거리곤 했다. 그 이유는 아직도 다 모르겠다. 하지만 분명히 안다. 우리가 고래(古來)의 지혜를 가진 사람들에게 가한 끔찍한 파괴의 고통이 새로운 방식으로 어루만져졌다는 것을, 그 멋진 움막 안에서 그리고 그 장로의 가슴 안에서 사랑의 음성을, 그것도 변화하려는 나의 욕망과 지구 치유의 한 부분이 되려는 나의 욕망을 더욱 일깨우는 방식으로 그 음성을 들었다는 것을 나는 또 안다. 그 사랑 안에서 나는 영혼의 위대한 힘을 들었다. 노리치의 줄리앙(Julian of Norwich)은 "영혼은 가장 낮고, 가장 겸손하고, 가장 부드러울 때에 가장 높고, 가장 고귀하고, 가장 가치가 있다."고 말했다.[1] 원주민 형제들 안에서 나는 겸손의 힘을, 대지 혹은 우리 존재의 '부식토'에 가까운 어떤 것의 힘을 경험했다. 그리고 줄리앙이 그리스도는 우리를 우리 존재의 '위대한 뿌리'로 연결시키는 분이라고 말했을 때, 그것이 무엇을 의미했는지 새롭게 이해하게 되었다.[2]

---

1) Julian of Norwich, *Revelation of Divine Love*, trans. E. Spearing(Harmondsworth, England: Penguin, 1998), 139.

줄리앙 귀부인은 14세기 영국의 신비주의자로서, 본래 고대 켈트인들의 영토인 노리치 북부 지방 출신이다. 이곳은 수세기 전에 로마제국이 강력하게 선교를 펼침으로써 켈트 선교를 대체하게 된 휘트비(Whitby)와 가까운 곳이다. 우리는 그녀의 삶이나 영성이 어떤 영향을 받았는지는 잘 모른다. 하지만 그녀가 남긴 문서들을 보면 켈트 색채가 짙음을 분명히 알 수 있다. "하나님이 우리의 아버지이신 것처럼 참으로 하나님은 우리의 어머니이기도 하시다."라고 그녀는 말한다.3) 우리는 영원하신 분의 자궁에서 나왔다. 우리는 단지 '하나님에 의해'(by God) 지어진 것이 아니라, '하나님으로부터'(of God) 만들어졌다.4) 따라서 우리는 우리의 순수한 깊이 안에서 하나님의 생명력과 만난다. 그리고 우리는 우리 자신을 아는 만큼만 우리의 기원인 그분에 대해 알게 된다. 하나님은 생명의 '기반'이다.5) 따라서 우리가 하나님을 바라는 것은 우리 존재의 가장 본질적인 부분에 속한다. 우리의 가장 깊은 정체성을 찾기 위해 우리가 향할 곳은 생명의 부식토가 되시는 그분이다.

줄리앙은 하나님이 "만물 안에 계신다."라고 말한다.6) 하나님은 '자연의 실체', 생명의 본질 그 자체다.7) 그래서 그녀는 '냄새 맡으시는' 하나님, 물과 땅의 체액을 '들이키시는' 하나님, 인간의 몸과 창조

---

2) *Ibid.*, 123.
3) *Ibid.*, 139.
4) *Ibid.*, 129.
5) *Ibid.*, 145.
6) *Ibid.*, 58.
7) Julian of Norwich, *Showings*, trans. J. Walsh(Mahwah, NJ: Paulist Press, 1978), 290.

세계의 몸 안에서 '느끼시는' 하나님을 이야기한다.[8] 그리고 켈트 전통이 처음부터 말해온 것처럼, 본성과 은혜가 하나라고 주장한다. 그 둘은 조화 속에서 움직인다. "본성이 하나님인 것처럼 은혜도 하나님이며 어느 것도 다른 것 없이는 작용하지 않는다."라고 말한다.[9] 은혜는 우리를 우리의 본성으로부터 구하기 위해서가 아니라 우리의 본성을 구하기 위해 주어졌다. 은혜는 부자연스럽게 된 우리 자신의 모습, 또 우리가 서로 행한 그리고 지구에 행한 부자연스러움으로부터 우리를 자유롭게 하기 위해 주어졌다. 은혜가 주어진 것은 "본성을 본래 그것이 나온 신성한 곳, 즉 하나님께로 도로 데려가기 위해서." 라고 그녀는 말한다.[10] 우리에게 은혜가 주어진 것은 우리 안에서 울리는 가장 깊은 소리를 다시 들을 수 있도록 하기 위함이다.

줄리앙이 들은 것은 "우리 모두가 하나"라는 것이다.[11] 우리는 하나로서 하나님으로부터 왔고, 하나로서 하나님에게로 돌아갈 것이다. 우리 삶에서 참된 안녕은 그것이 무엇이든지간에 고립이 아닌 관계 안에서 찾을 수 있을 것이다. 줄리앙은 수세기 동안 켈트 예술가들이 무척 사랑해마지 않던 매듭 이미지를 사용하여 시간과 영원의 가닥이 한데 엮여졌음을, 인간과 다른 생물이 서로 분리될 수 없게 연관되었음을, 그리고 하나와 다수가 영원히 결합되었음을 그려냈다. 그리스도의 영혼과 우리의 영혼은 영원토록 결합된 매듭과 같다. 우리

---

8) Julian of Norwich, *Revelation of Divine Love*, 104.
9) *Ibid.*, 146.
10) *Ibid.*
11) *Ibid.*, 10.

가 우리 자신의 존재 안으로 더욱 깊이 들어갈수록 우리는 그리스도에게 더욱 가까이 나아간다. 그리고 우리가 그리스도의 영혼에 더욱 가까이 다가갈수록, 우리는 관계의 중심으로 가까이 나아간다. 우리는 그리스도 안에서 어떤 낯선 소리를 듣는 게 아니라, 인간적인 것과 신적인 것이 서로 얽혀 나오는 가장 깊은 암시를 듣게 된다.

줄리앙에게 인간 영혼의 중심에 있는 것을 듣는 데 있어서 핵심적인 것은 우리의 가장 깊은 열망에 귀 기울이는 것이다. 왜냐하면 그녀에게 "영혼의 욕구는 곧 하나님의 욕구"이기 때문이다.[12] 물론 우리의 욕구는 많은 부분 혼란과 왜곡으로 인해 감염되었거나 탁해졌다. 하지만 우리 존재의 밑바닥에는 일치를 향한 거룩한 갈망이 있다. 그리스도가 우리를 인도하는 곳은 바로 이 존재의 가장 깊은 밑바닥이다. 우리의 영혼은 '하나님으로부터' 만들어졌다. 줄리앙이 말하다시피, 그렇게 우리 영혼은 하나님의 욕구 안에 기반하고 있다. 그리고 이러한 거룩한 욕구들의 중심에는 줄리앙이 '사랑에의 갈망'이라 부르는 것이 있다.[13] 그것은 가장 거룩하고 가장 자연스러운 갈망이다. 우리가 인간의 영혼 안으로 더욱 깊이 나아간다면, 이러한 신적 열망에 더욱 가까이 다가갈 수 있다. 그리고 우리가 우리의 참 자아에 가까이 다가갈수록, "우리의 갈망은 더욱 커질 것이다."[14] 그것을 두고 갈망의 '상처'라고 줄리앙은 말한다.[15] 왜냐하면 만약 그것이 치유되

---

12) *Ibid.*, 103.
13) *Ibid.*, 147.
14) *Ibid.*, 107.
15) *Ibid.*, 4.

거나 양육되지 않으면, 염증을 일으키거나 부어오르기 때문이다. 만약 우리의 생명 안에 있는 사랑에 대한 갈망이, 그것이 개인적이든 집단적이든 육체적이든 영적이든, 서로 맞물려 조화를 이루지 않으면 우리 안에서 고통을 경험하게 된다. 이는 우리가 살아가면서 가장 상호적이고도 헌신적인 관계 속에서도 사랑이라는 것에 내재한 고뇌를 알게 되는 것과 마찬가지다.

이것이 1373년 줄리앙이 젊었을 때 계속해서 이어지는 그녀의 환시(幻視) 혹은 그리스도의 계시 안에서 그녀가 보았던 것들이다. 그녀는 그것들을 '전시'(展示, showings)라고 불렀다. 이 말이 암시하듯 그것들은 피흘림이고 고통이며 갈망과 사랑의 소멸이고 삶의 새로운 탄생들이다. 한때 그녀가 몹시 아파 누워 있었을 때 그녀는 그리스도에 대한 환시 속에서 많은 피를 보았다. 오죽했으면 만약 그 피가 진짜 피였다면 그녀의 침대가 흠뻑 젖었을 것이라 말할 정도였다. 하지만 그녀가 본 그리스도의 피는 하나님께 치러진 죄 값이 아니었다. 그것은 사랑의 속성 바로 그것에 관한 것이었다. 사랑을 갈망하고 사랑을 위해 산다는 것이 무엇을 의미하는지에 대한 계시 혹은 전시였던 것이다. 만약 우리가 삶에서 고통을 피하길 원한다면 사랑에 대한 우리 영혼의 깊은 갈망에 대해 문을 닫아야 할 것이다. 왜냐하면 사랑하는 사람들이 죽었을 때 우리가 슬픔에 빠지는 이유는 우리가 사랑하기 때문이다. 우리의 아이들이 고통 받는 것을 보고 아픔을 느낀다면 그것은 우리가 그 아이들을 사랑하기 때문이다. 우리의 나라들이 스스로에게 잘못된 일을 하는 것을 보면서 고뇌하는 이유는 우리가 그 나라들을 사랑하기 때문이다. 그리고 지구의 몸이 폭행을 당할 때 슬피 우는 이유는 우리가 그 지구를 사랑하기 때문이다. 줄리앙은 십자가 위에서 목마르다 말씀하시는 그리스도 목소리를 들었다. 그녀는 그리스도의 옆구리에서 피가 흐르는 것을 보았다. 이것들이 그녀에게 '전시' 혹은 '신적 사랑의 계시'이다. 이것들에 힘입어 그녀로 하여금 영혼의 가장 깊은 소리를, 사랑에 대한 우리의 갈증을, 일치에 대한 우리의 갈망을 들을 수 있었던 것이다.

잉태와 산통이 서로 연결되어 있는 것처럼 욕구와 잉태도 서로 연결되어 있다. 우리가 영혼의 가장 깊은 갈망과 우리 내부에서 일어나는 사랑에 대한 열망이 접촉하게 되면 우리 삶과 관계 안에서 새로운 잉태가 일어날 것이다. 이것들은 이어서 새로운 탄생의 기쁨과 또한 고통으로 우리를 이끌 것이다. 줄리앙은 자신이 본 환시 중에서 그리스도의 용모는 한편으로는 고통과 슬픔의 결합이고, 다른 한편으로는 기쁨과 희열의 결합이라고 말한다. 고통 없이 어떻게 탄생이 있을 수 있단 말인가? 우리의 삶과 세계에서 일어나기를 기다리는, 그리고 또한 소중하고 새로운 기쁨의 탄생들은 무엇일까? 우리는 우리의 가장 깊은 욕구와 만나도록 그리고 그 욕구들의 펼쳐짐 속에서 새로운 시작의 고통과 만나도록 초대되었다.

나는 내 아내 앨리(Ali)가 우리의 첫 아이인 로완(Rowan)을 낳을 때 부르짖었던 원시의 절규를 두고두고 기억할 것이다. 그것은 내가 이전에 한 번도 듣지 못했던 소리였다. 한편 낯설지 않았는데 왜냐하면 그 소리는 생명의 중심과 가까운 어떤 곳으로부터 나오는 소리였기 때문이다. 단지 아내의 육체와 영혼의 깊은 심연에서 나온 소리가 아니었다. 그 소리는 시간의 시작으로부터 왔다. 그 소리는 우주의 역

제5장 사랑의 음성

사와 마찬가지로 깊고도 장구했다. 그 안에서 나는 모든 피조물의 탄생과 산고를 겪는 지구의 엄청난 파열소리를 들었다. 그것은 우리가 개인 혹은 국가로서 반드시 해야 하는 것이 무엇인지 생각할 때 우리 안에서 메아리치는 절규다. 만약 정말로 오늘 개인의 삶과 세상의 가장 상처 받은 자리에서 우리가 새로운 탄생을 원한다면 말이다.

신약성서의 요한계시록에서 요한은 환시 속에서 태양으로 옷을 입고 달을 신발로 신으며 별들로 왕관을 쓴 한 여성을 본다. 그녀는 탄생의 진통으로 울부짖는다. 이것은 영원히 여성적인 것, 우주의 몸과 인간 영혼의 깊은 곳에 있는 잉태와 탄생의 생동력에 대한 강력한 이미지이다. 그런데 요한의 꿈에는 또 다른 이미지가 있다. 머리가 여러 개 달리고 뿔이 난, 크고 붉은 용에 대한 불길한 징조다. 그 용은 그 여성 앞에서 그녀가 아기를 낳으면 즉시 아기를 먹어치우려 기다리고 있다. 그 용은 우리의 안과 우리의 사이에서 새로운 탄생을 방해하고 죽음과 생명의 파괴를 선택하는, 잘못되고 파괴적인 힘의 그림자이자 힘 그 자체다. 하지만 세 번째 이미지도 있다. 그것은 빛의 천사 군대를 이끌어 그 용에 대항해 우주적 전투를 벌이는 강력한 하나님의 천사장 미카엘(Michael)이다. 미카엘이라는 이름의 뜻은 '하나님을 닮은 자'인데, 그는 하늘의 현존을 알리는 메신저다. 그는 우리 본성의 가장 깊은 출산의 에너지를 구원하는 힘을 가진 그 은혜를 구체적으로 예시하고 있다.

줄리앙의 '전시'에서 그녀는 "모두 잘될 것이다, 다들 잘될 것이다, 모든 것이 잘될 것이다."라는 약속을 받는다.[16] 이것은 줄리앙의 순진한 낙관주의가 아니다. 그녀의 환시는 피와 고통으로 가득 차 있다. 그녀는 우리 안에 있는 용이라는 파괴적 에너지를 안다. 그리고 새로운 탄생의 고통도 본다. 희망은 그녀와 그녀가 사랑하는 사람들이 고통을 피하게 되는 것이 아니다. 모두가 잘되는 것이야말로 희망이다. 그리고 그 희망은 우리의 내면과 우주 안에서 움직이고 있는 파괴적인 힘을 경시하는 태도에 입각해 세워진 것이 아니다. 그 희망은 하나님의 사랑에 대한 갈망은 결코 그치지 않을 것이며, 그 갈망은 인간의 영혼에서 결코 지워지지 않을 것이라는 그녀의 통찰에 입각해 정립된 것이다.

예수께서는 "여자가 해산하게 되면 그 때가 이르렀으므로 근심하나"(요 16:21)라고 말씀하신다. 오늘날 우리 안에, 개인적으로나 집단적으로나 우리네 삶 안에 있는 갈망은 무엇인가? 우리의 영혼과 가족과 국가들과 지구 공동체의 가장 중요한 관계들 안에서 일어나고 있는 열망은 무엇인가? 그것이 어떤 열망이든, 우리 삶에 온전함을 잉태할 새로운 탄생에 있어 일익을 담당하게 될 산고(産苦), 종교집단의 차원에서 우리 내면에 치유를 가져올 산통, 민족의 차원에서 우리 사이에 일치를 가져다줄 산고, 그리고 창조세계라는 단일한 몸의 차원에서 우리 안에 조화를 회복시키는 데 일조할 산기(産氣), 그런 해산의 고통과 다름없는 수고들은 무엇일까?

줄리앙은 환시 중에서 모두를 잘되게 만들려면 "최후의 날에 성삼위일체 하나님께서 하실 일이 있다."고 말한다.[17] 아마도 이것은 그녀가 우주의 마지막 날, 아마도 최후심판의 날, 모든 것을 바로 세우

---

16) *Ibid.*, 80.
17) *Ibid.*, 85.

는 날을 문자적으로 상상한 것이리라. 한편 자기 자신 안에 치유하고 변혁시키는 힘을 가진, 생명의 중심에 있는 무언가 궁극적인 것, 혹은 절대적으로 중요한 어떤 것을 가리키기도 한다. 그녀는 그 행위가 무엇인지 보지 않는다. 하지만 우리의 영혼이 가장 겸손할 때 가장 위대하다는 그녀의 말을 상기해볼 때, 그것은 감탄할 정도로 겸손해서 우주의 기초마저 흔들어 다시 온전하게 만들어 놓을 만한 힘을 지닌 행위나 태도를 말한다. "겸손함 없이 우리는 구원받을 수 없다."고 줄리앙은 말한다.[18] 우리와 우리의 세계를 치유할 겸손의 행동, 우리를 다시금 생명의 단일성의 기초가 되시는 분으로 연결시키는 행동은 과연 무엇인가?

요한계시록을 연구하던 나는 몇 년 전 꿈속에서 태양으로 옷 입고 산고의 진통 속에 있는 여인을 본 요한에게 마음이 끌려 요한의 땅으로, 특히 고대 에베소 근처에 있는 오늘날 터키의 셀축(Selcuk)의 요한의 무덤으로 일종의 순례를 떠나게 되었다. 우리 부부에게 처음 있는 일은 아니지만 그곳에서도 종종 길을 잃었는데 실수로 셀축에 있는 한 이슬람 사원의 정원을 배회하게 되었다. 모스크의 지도자인 이맘(imam)이 우리를 맞아주었고 터키에 온 이유를 물었다. 내가 목사라는 것을 알자 그는 내게 머리를 숙여 인사를 했다. "당신은 그리스도의 성직자시군요."라고 그가 말했다. 그는 우리를 모스크로 초대했고 우리는 신의 가호를 서로 주고받았다. 모스크 바로 위 언덕에 요한의 무덤이 있다는 것을 알려준 사람도 바로 그 이맘이었다.

---

18) *Ibid.*, 170.

내가 요한의 무덤을 향해 언덕을 오를 때, 나는 나에게 머리 숙여 인사한 그 이맘의 겸손함이 생각에서 떠나지 않았다. 그는 내가 몇 년 전 서스캐처원(Saskatchewan)의 늙은 크리 부족 장로에게서 마주쳤던 것과 같은 태도를 가진 영혼이었다. 나는 그들 영혼의 겸손함이 어떤 의미에서도 그들의 종교적 확신을 저버리는 것이 아님을 알고 있었다. 오히려 정반대. 그것은 그들이 가진 영성을 가장 진정한 모습으로 드러내 주었다. 또한 그들 덕에 나는 나의 종교의 핵심, 즉 겸손하신 그분께 진실할 수 있게 되었다. 그들은 나로 하여금 그리스도께서 보여주신 겸손함 안에 울려 퍼지는 강력한 사랑의 음성, 우리를 변화시키는 힘을 가진 그 소리를 들으라고 초대했다. "겸손함 없이 우리는 구원받을 수 없다."고 줄리앙은 말했다. 겸손함 없이는 우리가 비롯된 그 거룩하신 기반을 함께 찾을 수 없을 것이다. 겸손함 없이는 우리 영혼의 흙 가장 깊은 곳에서 꿈틀거리는 사랑의 소리를 듣지 못할 것이다.

제6장

Christ of the Celts: The Healing of Creation

피리 부는 사람에게 값 지불하기

얼마 전 나는 상당한 보석을 유산으로 물려받은 한 여성을 만난 적이 있다. 보석 중에는 십자가가 있었는데 그녀는 그것을 어찌해야 할지 몰랐다. 그녀가 그리스도의 십자가에 대해 받은 교육은 그녀를 난감하게 했거나 아니면 그녀의 인생살이나 관계에 있어 겪은 가장 깊은 경험들과 관련되지 않았다. 그러면서도 그 십자가를 버리거나 잃고 싶은 마음도 없었다. 사실 마음 한 구석에서는 그 십자가를 매우 귀하게 여겼기 때문에 결국 안전하게 보관하기 위해 자신의 집 마룻바닥 밑에 넣어두게 되었다.

십자가와의 관계에 있어 혼동을 겪는 사람이 비단 이 여성만은 아니다. 서구 세계의 수많은 남자와 여자들이 십자가에 대한 교회의 전통적 가르침에 혼란을 겪거나 아니면 모욕감마저 느낀다. 특히 그리스도의 죽음이 죄 값에 대한 대가 지불이라는 가르침에서 그렇다. 그런 대가 지불을 요구하는 이는 정확이 누구인가? 어떻게 해서든지 변제되어야 하는, 지상의 사법부보다 훨씬 복잡한 어떤 우주적 사법부라도 있다는 말인가?

이 법률적이고 신학적인 논쟁의 미로(迷路) 안에서 원만한 해결책을 찾는 데에는 오랜 시간이 걸리지 않는다. 결과적으로 그리스도교 가족 안에 있는 많은 사람들이 십자가를 단지 그들의 종교적 의식의 마룻바닥 밑에 넣어두기로 했다는 것이다. 그들은 십자가에 대해 얘기하거나 그것을 개인적으로 삶의 중요한 상징으로 사용하지도 않는다. 그러면서도 그리스도교 집안의 내부와 경계선에는 계속해서 십자가를 선물로 주고받거나 심지어 그들의 심장 가까운 곳에 십자가를 매는 사람들이 많다. 하지만 이것은 어떤 종교적 정설을 받아들인다는 것을 의미하기보다 왠지 십자가가 사랑과 관련이 있을 것 같은 직감이 작용하고 있음을 종종 의미하기도 한다. 두 경우에서 모두 십자가는 우리가 물려받은 소중한 유산의 하나라는 식의 깨달음이 있다. 하지만 정확히 십자가는 우리와 무슨 상관이 있는가? 십자가는 정확히 무엇을 의미하는가?

몇 년 전 나는 산타페(Santa Fe)에서 켈트 그리스도교에 대한 연속 강좌를 열었다. 청중 가운데에는 교육을 많이 받고 신학적 지식도 있는 한 나이 많은 여성이 있었다. 연속 강좌의 끝에 그녀는 더할 나위 없이 진지하게 이렇게 말했다. "필립, 켈트 전통은 아주 흥미롭군요. 그러나 그것은 그리스도교는 아니네요, 그렇지요?" 나는 최대한 관대한 태도로 대답해 주기 위해 일단 심호흡을 한번 했다. 그때 문득 이상하다는 생각이 들었다. 이 사람은 어떻게 이렇게 이야기할 수 있단 말인가? 그리스도와 십자가에 대한 깊은 헌신을 찾아내려면 켈트 영성의 오래된 예술 작품을 보기만 해도 된다. 단지 켈트 전통 안에 있는 숱한 기도문과 시를 대충 읽어 보기만 해도 그리스도와 십자가가 한데 뒤섞여 나타난다는 것을 알 수 있다. 그렇다면 도대체 무슨 의미로 그 말을 한 것일까?

그녀의 말을 더 들을수록 나는 더 그녀가 말하고 있는 것은 '켈트는 내 귀에 익숙하게 들리지 않군요'라는 말인 것을 깨달았다. 그렇다면 그녀가 옳다. 켈트는 우리 귀에 낯설다. 켈트 영성에서 우리가 듣지 못하는 것들 중 하나는 대속(代贖, substitutionary atonement)이라는, 서구 그리스도교 사상과 행태를 지배해온 교리다. 우리가 물려받은 숱한 제국의 그리스도교 유산처럼 이 교리 역시 원죄라는 교리와 연결되어 있다. 이 사고 뒤에는 두 가지의 전제가 깔려 있다. 첫째로, 마치 돈을 줘야 피리 부는 사람이 곡조를 바꾸는 것처럼 하나님이 심판의 의지를 접고 용서하기로 뜻을 바꿀 때 대가 지불을 요구한다는 것이다. 둘째로, 우리는 너무 죄가 많아 스스로 제 몫의 대가를 지불할 수 없다는 것이다. 그래서 어떤 대리인이 필요한데, 그는 하나님이 손수 준비하신 것으로 그분이 바로 그리스도라는 완전한 희생 제물이라는 것이다.

하나님이 하나님에게 변제하는 이러한 교리적 구조의 논리는 쉽게 비웃음을 살 수 있다. 무엇보다 중요한 것은 십자가의 소중함이 무엇인지를 말하려는 노력이다. 십자가가 우리의 소중한 유산이기는 하지만 결국 마룻바닥 밑에 숨겨졌음을 직감적으로 알고 있는, 그런 우리를 위해서 말이다. 오늘을 위한 그리스도의 새로운 탄생을 위해 필요한 것은 어떤 장애물들이 그 탄생의 길을 막고 있는지 묻는 것이며 그것들을 제거하는 것이다. 만약 그 대속의 교리 안에 용서에 대한 우리의 깊은 경험들, 즉 용서는 그 속성상 절대로 대가를 요구하지 않는다는 우리의 경험들에 반대되는 것이 많고도 많음을 발견하고 있다면 - 나는 우리가 그렇다고 믿는 바이다 - 삶의 중심에서 용서를 경험한다는 점에서나 그리고 우리의 삶과 관계 안에서 개인적으로나 집단적으로 용서를 실천에 옮긴다는 점에서 우리는 그리스도께서 인도하는 길에 대해 이야기할 수 있는 새로운 언어를 찾아야 한다. 그리고 이 문제에 관한 그리스도교계 내부적인 대화 속에서 우리가 해야할 것 중 하나는, 제국이 가지처럼 뻗쳐 놓은 낡고 왜곡된 교리를 헤쳐 믿음의 긍정적인 뿌리를 찾는 것이다.

나는 한때 이라크에서 복무를 마치고 돌아오는 독일 주둔 영국군 군목들의 영성수련회를 인도한 적이 있다. 수련회의 장소는 전에 히틀러가 청년 캠프장으로 사용했던 곳인데, 루네부르크(Luneburg)의 오래된 숲의 가장 자리에 있는 잘 지은 오래된 건물로 결코 단순하지 않은 영적 분위기를 자아내고 있었다. 수련회는 매일 세 번 있는 묵상에 대한 토론 외에는 침묵으로 일관되었다. 나는 마지막 날 대속의 교리에 대한 의문점들을 소개하는 시간을 가졌다. 명상을 마치고 몇 시간 후 우리가 음료를 마시기 위해 모였을 때 군목 중 한 사람이 씩씩거리며 내게 다가와 이렇게 말했다. "당신이 대속의 교리를 비판했을 때 나는 벌떡 일어서 거의 당신의 얼굴을 갈길 뻔 했소." 이후 벌어진 일은 품위 있는 대화라고 말할 수 없다.

그날 밤 나는 잠을 이룰 수 없었다. 나는 내가 당한 일이 정당하다고 느껴지지 않았다. 그리고 내 안에는 이런 생각이 꿈틀거리고 있음을 발견했다. 한 형제가 다른 형제의 얼굴에 주먹을 날리고 싶게 만든 이론이란 도대체 무엇인가? 그래서 다음 날 아침식사 시간에 만나자고 그와 약속했다. 나는 그가 가진 대속에 대한 믿음을 이론이라 부르지 않겠다고 확약했다. 그렇지 않으면 그는 내 얼굴을 갈기고도 남았을 것이다. 대신 나는 우리가 그리스도와 십자가에 대해 말하는 모든 것은 결국은 말로 설명될 수 없는 것을 말하려는 시도에 불과하다는 점을 이야기했다. 그리고 우리의 진정한 공통점은 사실 우리가 둘 다 그리스도로 인한 용서를 경험한 것이 아니겠느냐고 물었다.

그도 역시 잠을 이루지 못했다. 그리고 다음 날 아침 이루어진 대화는 전날 저녁의 것과 판이하게 달랐다. 우리는 이제 서로의 말에 귀를 기울이고 있었다. 내가 그에게서 들은 것 중 하나는 그가 용서라는 심오한 영적 경험을 했다는 것과 그가 하나님의 용서를 순수한 선물로 받아들이고 있다는 것이었다. 하지만 대속이라는 교리의 언어가 그에게 말한 것은 비록 용서는 값없이 주는 것이지만 결코 싸구려는 아니라는 것이었다. 나는 그 점에 동의했다. 용서는 선물 중에서도 가장 값비싼 것이다. 왜냐하면 거기에는 심장의 희생이 포함되기 때문이다. 우리가 남을 용서할 때 우리는 그에게 우리의 심장을 내어주는 셈이다. 따라서 용서는 모든 것을 내어주는 것이나 다름없기에 값비싼 것이다. 그 군목 형제가 그리스도의 십자가에서 본 것은 바로 이것이다. 즉 하나님의 심장이다.

우리 가운데 자신의 심장을 줄 준비가 되어 있는 사람은 누구인가? 우리에게 잘못한 사람들은 누구이며 우리는 어떤 나라와 집단을 상대로 전쟁을 벌이고 있는가? 그리스도께서 우리에게 심장을 열라고 하는 대상은 바로 이들이다. 그것이 평화를 만드는 길이다. 사도 바울은 '십자가의 피를 통한 평화'(골 1:20)라고 했다. 우리는 우리의 심장을 내어줌으로써 평화를 만든다. 용서는 값없이 주는 것이다. 우리는 그것을 오직 순수한 선물로 주기도 하고 받기도 한다. 그럼에도 불구하고 용서는 값비싼 것이다. 왜냐하면 우리는 오직 우리 자신을 여는 만큼만 그것에 참여할 수 있기 때문이다. 그러나 용서는 변제에 관한 것은 아니다. 결코 그렇지 않다. 용서는 우리를 치유하고 변혁시키는 힘을 가지고 서로에게 자신을 열어 값없이 주는, 하지만 값비싼 개방에 관한 것이다.

 난해하고 비인간적이리만큼 차갑게 보이는 한 교리 안에 감춰진 빛과 온기를 나는 약간이나마 볼 수 있었다. 하지만 그보다 훨씬 적나라하게 보이는 것이 있었는데, 그것은 다름 아닌 수많은 사람들의 삶과 관계 안에 가해진 파괴와 소위 그리스도교 국가들 안에 확립된, 누군가 잘못을 저질렀을 때 다른 누군가가 반드시 대가를 지불해야 한다는 형벌적 규범들이었다. 대속이라는 교리는 우리가 살면서 경험하는 가장 깊은 용서의 경험과 반대될 뿐만 아니라 하나님의 마음에 있는 것, 따라서 인간의 신비 가운데 있는 것은 사랑이 아니라 정죄라는 생각을 영속시킨다. 신은 자신이 판결해서 내린 천벌이 변제되고 대가가 지불된 후에야 사랑을 베푼다는 것이다. 피리 부는 사람으로 하여금 곡을 바꾸게 하려면 돈을 지불해야 한다는 것이다. 그가 스스로 그 값을 치렀는데도 말이다. 그러나 그의 기본 방식은 정죄이다.

 산타페에서 만났던 그 나이 많은 여성이 켈트 영성은 그리스도교 영성이 아니라고 결론을 내렸던 이유는 켈트 영성이 대속이라는 교리를 포함하고 있지 않아서이다. 내 얼굴에 주먹을 날리고 싶어 했던 군목도 바로 그런 식으로 해석했다. 내가 목욕물과 함께 아기도 버렸다는 것이다. 그렇다면 켈트 전통이 그리스도의 사랑과 십자가에 헌신하면서 강조하고자 했던 바는 무엇인가? 왜 켈트의 예술과 기도문 안에는 십자가가 그토록 많이 나타나는가? 고대 켈트 세계의 풍경 안에 땅 속 깊이 뿌리박힌 거대하고 높이 솟은 십자가들은 과연 무엇을 말하고 있는가?

켈트 영성은 교리적이라기보다 시적이다. 믿음을 규정하기보다 그 방향을 가리킨다. 고대 켈트 선교는 바티칸이 제국의 선교를 펼치면서 중앙으로부터 정통교리를 강제하기 위해 그랬던 것처럼 그런 단일한 신학을 추구하는 지도부가 없었다. 그래서 켈트 세계에는 대속의 교리와 대조될 만한 뚜렷한 교리가 없다. 하지만 둘의 차이가 무엇인지 보여줄 만한 한 구절을 선택해야 한다면 줄리앙 귀부인이 그리스도에 대해 꿈속인양 보았던 연속적 환시들에 붙인 제목이 적합할 것이다. 그것은 '사랑의 계시'였다. 그녀의 환시는 십자가 위에 달린 그리스도의 피와 고난에 대한 끔찍한 서술들로 가득 차 있다. 그러나 그것들은 결코 변제에 관한 것이 아니다. 그녀가 부르는 것처럼 언제나 계시 혹은 '전시'(showings)에 관한 것이다. "누구든지 나를 보는 사람은 나를 보내신 분을 본 것이다"(요 12:45)라고 요한은 예수의 말씀을 기록한다. 그렇듯이 켈트 전통에서 십자가는 하나님에 대한 가장 위대한 전시인 것이다.

십자가는 하나님에게 있어 가장 우선적인 충동이자 가장 깊은 충동이라 할 수 있는 자기희생을 드러낸다. 십자가는 하나님이 하시는 모든 일은 사랑의 발로에서 쏟아져 나오는 것이며 생명력의 근원을 나누는 것이라고 말한다. 그러므로 모든 창조세계는 하나님께서 자신을 지속적으로 내어주시는 것이요, 만물의 생명 안에서 사랑으로 고동치는 영원하신 심장을 보여주시는 것이다. 십자가는 사랑을 나타낼 뿐만 아니라 사랑의 대가도 드러내준다. 심장을 내어준다는 것은 자아를 내어주는 것이다. 그러므로 십자가는 하나님 본성의 계시임을 넘어 하나님의 형상대로 지음 받은 우리의 참된 본성에 대한 계시이기도 하다. 십자가는 우리가 사랑 안에서 서로를 위해 우리 자신을 쏟아낼 때, 우리의 심장, 즉 우리의 존재 모든 것을 내어줄 때 비로소 우리의 진정한 자아로 가장 가까이 다가갈 수 있음을 말해준다.

켈트 세계의 위대한 스승 가운데 한 사람은 리보의 아엘레드(Aelred of Rievaulx)인데 그는 12세기에 영국 북부에서 태어났고 스코틀랜드의 왕 데이비드 1세의 수양아들이 되었다. 그는 하나님이 우리의 심판자(Judge)가 아니라 우리의 연인(Lover)이 되신다고 가르쳤다. 심판은 그 자체로도 그렇거니와, 또 심판을 한다고 해서 우리를 저 심층에서부터 변화시킬 만한 그런 힘을 가지고 있지도 않다. 그것은 우리를 두렵게 하거나 제어할 수는 있겠지만 우리를 변혁시키지는 못한다. 오직 사랑만이 우리를 변혁시킨다. 왜냐하면 우리의 심장을 바꿀 힘을 가지고 있는 것은 오직 사랑밖에 없기 때문이다. 따라서 우리가 무엇이 옳은지('옳은'의 라틴어 어원은 '재판관'이나 '판단하다'를 뜻하는 'jus'이다.) 알게 되고 바라게 되려면 우리 영혼 안에서 변혁적인 판단 혹은 재판을 경험해야 하는데, 그런 경험은 우리가 사랑해 마지않는 그분을 우리가 진실하게 대하지 않았다는 자각에 기초한다.

이런 자각이 변화에 대한 갈망을 우리 안에서 일깨워준다. 창조세계 안에서 연인이 되시는 그분에 대한 우리의 관계 안에서든지 우리 자신 안이나 서로 안에서 연인이 되시는 그분에 대한 우리의 관계 안에서든지 말이다.

그리고 하나님이 고압적으로 일치를 요구하는 심판자라기보다 일치를 갈망하시는 연인이신 것과 마찬가지로 아엘레드에게 그리스도는 우리의 영혼을 위한 속죄의 몸값이라기보다는 우리의 영혼의 동반자이시다. 아엘레드는 이러한 동반자 관계의 극치로 예수님과 요한 사이의 사랑을 든다. 그는 예수님과 요한이 서로의 심장을 바라보았다고 묘사한다. 요한은 예수님 안에서 하나님의 심장박동 소리를 들었으며 예수께서는 자신의 심장의 비밀을 요한에게 내보이셨다. 우리는 요한복음에서 상호거주(mutual indwelling)라는 주제를 발견한다. "내가 너희 안에 거한 것 같이 너희도 내 안에 거하라"고 예수께서는 말씀하신다.(요 15:4) 다른 이의 심장에 현존하는 것, 다른 이의 본질을 사랑으로 바라보는 것, 이것이 바로 서로 안에서 가장 진정한 깊이들을 내어놓는 일이다.

예수께서는 우리의 중심에서 '생수의 강'(요 7:38)이 흘러나올 것이라고 말씀하신다. 우리 존재의 가장 깊은 곳에 흐르는 물줄기를 흘려보낼 사람들, 우리가 누구인지 우리의 중심을 보고 우리의 가장 풍요로운 내면의 물줄기를 자유롭게 풀어줄 사람들은 누구인가? 아엘레드는 그리스도가 우리에게 입 맞춰 온전함에 이르게 하는 것은 우리를 통해서라고 가르친다. 그는 물리적인 혹은 '육체적인 입맞춤', '입술의 만남', 사랑 안에서 서로 주고받는 촉촉한 친밀함이 있다고 말한다. 그리고 '영적인 입맞춤', '영혼들의 혼합', 우리가 하나임을 발견하게 하는 마음의 융합이 있다고 말한다.[1]

나는 내 영혼의 동반자들, 살면서 내게 입 맞춰 나를 더 큰 온전함으로 이끈 사람들이 있었기에 축복을 받았다. 살아가면서 시간을 따로 내어 서로 마음을 들여다봄으로써 지금껏 미처 알지 못했던 깊이들을 풀어내는 훈련을 통해, 이런 영혼의 동반자들을 찾을 수 있다. 그런가 하면 영혼의 동반자는 그냥 주어지는 순수한 선물이기도 하다. 그 사람은 가장 자연스러운 삶의 관계를 통해 우리에게 주어진 순전한 선물일 수도 있다는 뜻이다. 친구, 형제, 자매, 연인, 아버지, 어머니, 혹은 아들이나 딸처럼 말이다. 내 영혼의 가장 소중한 동반자 중 하나는 나의 열한 살 난 아들 카메룬이다. 나는 그 아이가 사춘기를 통과하면서 자신을 좀 더 잘 정의할 수 있게 됨에 따라 어쩌면 머잖아 아들에 대한 내 마음을 내려놓아야 할 것 같은 생각이 들었다. 나는 아이가 지나치게 자기 세계 안으로 침잠해 들어가지는 않길 바랐다. 그러나 내가 내 마음을 다시 열 때까지 내 아버지가 기다려주었던 것처럼 나도 그 아이가 나에게 마음을 열 때까지 기다려줄 것이다. 카메룬은 내 삶에서 깊은 차원으로 동반자 관계의 기쁨을 안겨 주었는데, 이는 그 아이가 내 심장을 보고 있음을 알기 때문이다.

작년 봄 카메룬은 내가 버몬트에 사는 작곡가 친구인 샘 구아르나시아(Sam Guarnaccia)와 함께 쓴 『평화를 위한 지구 미사』(*Earth Mass for Peace*)의 첫 축하행사에 나와 함께 참석했다. 집에 오는 길

---

[1] Aelred of Rievaulx, *Spiritual Friendship*, trans. M. E. Laker(Kalamazoo, Mich.: Cietercian Publications, 1977), 76.

에 차 속에서 카메룬은 어린아이 특유의 천진난만함으로 말했다. "아빠, 노벨 평화상 탄 적 있어요?" 이 얼마나 멋진 질문인가? 만약 '평화 가족상'이란 것이 있다면, 여섯 명뿐인 우리집 식구 중에서 내가 뻔히 6등을 할 것이라는 걸 아는데도 말이다. 하지만 그 아이는 내 심장을 보았다. 그것만으로 내 안에서 생명과 창조성과 평화를 갈망하는 시냇물이 흐르게 했다. 우리 모두 서로에게 그렇게 할 수 있을 것인가? 우리가 어떻게 해야 다른 사람의 심장을 볼 수 있어서 그 안에 숨겨진 우물을 열어 새로운 시작을 맞이할 수 있을까?

내 영혼의 또 다른 동반자는 나이로 치자면 카메룬과 반대쪽에 있는 나의 아버지다. 그는 언제나 강직한 분이었다. 그는 가족을 위해 튼실한 울타리를 지키면서 우리가 자랄 때 엄격한 교사였다. 비록 당시에는 좀처럼 그렇게 보이지 않았지만 이것은 아마도 대단히 잘한 일이었다. 그렇다고 이 점 때문에 아버지가 내 영혼의 동반자라는 뜻은 아니다. 우리의 관계에서 아버지가 가진 가장 큰 장점은 내 삶이 가장 커다란 위기를 맞는 순간마다 나와 함께 울어주었다는 점이다. 그는 눈물이라는 은사를 가지고 있다. 나 자신이 아버지가 되어 겪는 고통과 기쁨의 시간들마다 그리고 내 인생의 여정에서 투쟁이나 기쁨이었던 모든 주요한 지점마다 그는 내 심장을 바라보았다. 그리고 그의 눈물이 내 안에서 새 생명의 시냇물 길을 열어주었다.

십대 초기에 나는 신의 현현을 경험한 적이 있다. 그 경험은 내 심장을 바라보는 다른 누군가를 통해 내게 다가왔는데, 다름 아닌 바로 내 어머니의 어머니이다. 나 어릴 적 외할머니는 우리와 함께 살았다. 스코틀랜드의 반프셔(Banffshire) 출신인 퍼거슨(Ferguson)

할머니는 내 생애에서 무조건적 사랑의 실재였다. 할머니가 나를 부를 때 썼던 표현처럼 내가 장난이나 좋아하는 '쓸데없는 놈'(scallywag)임을 다 알고 계셨다. 그럼에도 나는 감히 할머니 앞에서 못된 짓을 할 수 없었다. 나는 나라는 존재가 할머니에게 소중하기 그지없는, 언제나 한결같이 소중한 존재라는 것을 알고 있었다. 이후 나는 내 어머니에 대해서도 같은 것을 깨닫게 되었다. 그러나 그때 나는 이미 청년이기 때문에 먼저 내 할머니를 통해 그 깨달음을 얻은 셈이다. 나는 알았다. 그 어떤 것도 나를 향한 할머니의 사랑을 멈추게 할 수 없다는 것을. 그런 까닭에 나의 종교적 전통이 말해 준 하나님보다 할머니가 나를 더 사랑한다는 것을 깨닫던 그 순간, 오히려 나는 하나님의 현현을 경험했다.

나는 어떤 식으로든지 대가를 지불해야만 하나님께서 용서를 해 주신다는 인상을 받았었다. 내 할머니는 나를 용서하는 데 있어서 결코 아무런 대가도 요구하지 않는다는 것을 알면서도 말이다. 대속이라는 교리와 그 교리를 둘러싸고 있는 일반적인 종교적 분위기는 사랑에 대해서 내가 가장 깊이 알고 있던 것, 즉 사랑은 전적으로 무상이라는 것에 대한 모독으로 내 마음에 충격을 주었다. 우리의 삶에서 우리를 진정으로 사랑하는 사람들은 누구인가? 그들이 우리를 용서하기 위해 대가를 요구할 것이라고 상상이나 할 수 있겠는가? 그렇게 말한다면 마치 하나님이 매춘(prostitution), 즉 돈으로 사랑을 사는 것처럼 느껴졌다. 당시 나는 이러한 깨달음을 신학적으로 표현할 수단이 없었다. 대신 내 안 깊숙한 곳에서 내가 물려받은 종교적 유산에 무언가 잘못된 것이 있다는 것을 알았다.

몇 년 전 나는 노스캐롤라이나 산맥에 있는 몬트리트(Montreat) 회의장에 가기 위해 애쉬빌(Asheville) 공항으로 날아간 적이 있다. 나는 도중에 한 부부와 함께 택시를 타라는 연락을 받았다. 차 속에서 우리는 각자의 여행 이야기며 우리가 노스캐롤라이나에서 곧 하게 될 여러 가지 일들에 대해 이야기를 나눴다. 한 이야기의 주제가 다른 주제로 이어졌고 결국 대속에 관한 주제로까지 이어졌다. 택시 안에서 대속이라는 주제라니! 부부 중에서도 특히 부인이 내 말에 생소함을 느낀 모양이다. 산타페에서 만난 그 나이 많은 여성처럼 말이다. 좁은 차 속에서 대화는 이내 어색해졌다. 나는 그냥 몬트리트까지 걸어가고 싶은 생각이 굴뚝같았다! 그때 그녀가 소리쳤다. "그렇다면 그분의 피는 어떻게 되나요?"

그 피가 어떻게 되느냐고? 십자가가 죄 값에 대한 지불이 아니라 사랑의 계시라고 말한다고 해서 그것이 단지 하나의 쇼(show)라는 뜻은 아니다. 십자가는 실제로 피다. 십자가는 진짜로 자기희생이다. 예수께서는 그의 민족과 그의 종교적 전통을 사랑한 대가가 무엇인지 완벽히 알고 계셨다. 그것을 잘 알았기에 그분은 자신이 사랑한 도시의 거짓을 보고 슬피 우셨고 성전의 한가운데에서 불의한 것들을 청소하셨다. 십자가는 사랑의 법이 지닌 도발적인 함의를 용납하지 않으려는 한 무리의 부패한 종교 지도자들과 비인간적 제국의 손에 의해 실제로 저질러진 고난이다. 하지만 십자가는 지불의 차원에서 하나님께 드려진 것이 아니다. 그것은 하나님의 계시이다. 그것은 사랑의 매춘이 아니다. 그것은 사랑의 명시(明示, manifestation)이다.

켈트 세계에서 가장 오래된 그리스도에 대한 상징의 하나는 연어다. 우리는 이것을 초기 켈트 그리스도교 예술과 시 속에서 찾아볼 수 있다. 그리스도교화되기 이전의 켈트 세계에서도 연어는 인기 있는 이미지였고, 이것은 특별히 참된 지식과 지혜를 연상시켰다. 물론 초대교회에서도 물고기는 그리스도의 상징이었지만 켈트 세계에서 특히 연어가 그랬다. 그렇게 지혜에 대한 고대의 상징은 사랑에 대한 그리스도교의 상징과 융합되었고, 사랑과 사랑에의 갈망은 지혜의 가장 깊은 표현으로 보이게 되었다. 생명력으로 반짝이는 연어는 광활한 바다에서 수백 킬로미터를 헤엄쳐 새 생명을 낳기 위해 거친 강물의 급류를 수천 미터 거슬러 오른다. 그리고 새 생명을 산란하고 죽는다. 이처럼 지혜의 연어와 같이 그리스도는 새 생명을 낳기 위해 자신을 희생하신 분이다.

이 장을 다 써내려갈 무렵 내 장인이 오랜 치매와의 투병 끝에 돌아가셨다. 우리는 우리가 사랑한 그분의 보석과도 같은 본성을 기억하면서 많이 울었다. 우리는 특히 장인어른이 스코틀랜드 북부의 이 강 저 강에서 허리까지 잠기는 물속으로 들어가 연어가 뛰어오르길 기다리며 낚시하던 모습을 가장 소중한 추억으로 간직하고 있다. 언젠가 그분은 4.5kg의 손자가 태어나던 그 주간에 5kg짜리 연어를 잡은 적이 있었다. 그래서 그 소식이 동네에 전해졌을 때 그는 5kg짜리 아기의 할아버지가 되어 있었다.

우리는 생명의 강에 대한 장인어른의 열정과 그 강의 가장 깊은 흐름은 사랑이라는 그의 믿음을 기억할 수 있었다. 그는 평소에 끊임없이 움직이는 활동적인 사람이었지만, 강물 속에서 연어가 뛰어오르길 끈기 있게 기다리던 사람이었다. 아마도 자신 안에 있는 가장 깊은 생명력과 다시 연결되길 기다렸던 것 같다. 이윽고 커다란 물고기가 그에게 다가왔을 때 그 물고기는 새 생명을 산란하려는 억제할 수 없는 욕망을 가지고 자유롭게 헤엄쳐왔던 것이다. 그 물고기가 물살을 거슬러 헤엄칠 다른 이유는 없다. 자신이 갖고 있는 모든 찬란한 힘을 다 소진해 그렇게 긴 여정을 떠날 다른 이유는 없는 것이다. 그 물고기는 도무지 가늠 길 없는 갈망으로 자발적으로 헤엄쳐 온 것이다. 켈트 세계에서 그리스도는 이렇게 밝고 축복받고 아름다운 연어다. 사랑은 생명의 중심으로부터 자유롭게 오신다. 값비싼 갈망과 함께 오신다.

제7장

우주의 찬송

Christ of the Celts: The Healing of Creation

　세상에는 여러 종류의 사람들이 있는 것처럼, 현존하시는 그분을 경험함에 있어서도 여러 방식이 있다. 왜냐하면 우리와 만물은 저마다 자신 안에 현존하시는 그분을 지니고 있기 때문이다. 종종 우리는 우리가 말하는 것이 정확하기라도 한 것처럼 하나님이라는 말을 사용한다. 그래서 실제로는 하나의 은유인 하나님이라는 단어가 미지의 분(the Unknown)을 지시하는 고유명사가 된 것 같다. 우리는 이 말을 사용하면서 마치 우리가 이름을 초월해 있는 어떤 존재에게 이름을 지어 주었다는 생각에 빠진다. 하지만 말로 표현될 수 있는 것보다 말로 표현될 수 없는 것이 언제나 더 위대한 법이다. 우리 각자와 만물에게 그것은 동일하다. 다른 이에 대해 말로 나타낼 수 있는 것보다 말로 나타낼 수 없는 것이 항상 더 위대하다. 말로 나타낼 수 없는 분(the Ineffable)을 이름 짓고 정의하는 경향은 현존하시는 그분에 대한 우리의 경험을 규격화하는 경향을 낳기도 한다. 그렇게 되면 우리가 말해야 하는 것을 제약할 뿐만 아니라 또한 우리가 어디서, 언제, 그리고 어떻게 그 거룩함과 마주칠 것인지에 대한 우리의 기대마저도 좁혀지게 된다. 그것은 내 많은 친구와 가족과 사람들 안에서 그 알 수 없는 분이 우리 존재의 중심에 개별적으로 말씀하신 생각들마저 침묵시킨다.

십대의 사춘기를 거치면서 우리 안에 혼란스러운 에너지의 급류가 소용돌이칠 때, 나는 어떤 경험을 했는데 그것을 그 후 30년이 넘도록 아무에게도 얘기하지 않았다. 한밤중 잠에서 깬 순간 그리스도의 현존을 자각했던 것이다. 그분은 내게 어떤 말씀도 하지 않았다. 하지만 그의 태도가 강하고 따뜻한 위로를 주었다. 방이 어두웠던지라 나는 그분의 윤곽만 볼 수 있었다. 그분은 내 침대 바로 옆 의자에 앉아 있었다. 그분은 내게로 몸을 기울였다. 그의 머리도 나를 향해 기울어 있었다. 그는 나에게 온전히 집중하느라 앞으로 기대고 있었던 것이다. 나는 그리스도께서 사랑을 가지고 내 존재의 중심을 보고 계시는 것을 경험했다.

다음 날 학교에 갔을 때 제일 친한 친구가 나에게 물었다. "필립, 무슨 일이 있었어?" 나는 그때 아무 대답도 하지 않았는데 그랬던 것이 지금도 부끄러움으로 남아 있다. 이후 수십 년간 나는 그 어느 누구에게도 이 이야기를 하지 않았다. 오직 최근에 들어서야 이 경험을 나누기로 했다. 이제 그 이유를 알 것 같다. 나는 신비주의자가 아니다. 나는 소년일 때 신비적인 경험을 하지 않았을 뿐더러 이후에도 그런 경험은 없었다. 나는 특별히 신앙심 깊은 십대를 보낸 것도 아니다. 나의 그 경험은 신앙심의 산물이 아니었다. 그것은 순전한 선물이었다. 나는 지금 그것을 생명의 중심에 있는 인격적으로 현존하시는 그분을 살짝 들여다본 것이라 생각한다. 하지만 그러한 경험을 할 수 있는 것은 오직 특별한 사람들이고 그들은 예수와 '아주 가까운 자들'이라는 인상을 받아왔다. 나머지 인류는 그 사람들과 동떨어진 세계에 있다고 생각했다.

    내겐 한밤중에 내가 경험한 것을 설명할 길이 달리 없었다. 그것은 말로 하기에는 매우 개인적인 것 같았다. 그렇다고 해서 내가 어떤 배타적 집단에 속했다는 느낌이 들지는 않았다. 그래서일까. 내가 사용할 수 있었던 유일한 종교적 언어가 왠지 부적절하다는 느낌이 들었다. 내가 나머지 인류와 분리된 별개의 존재가 아님을 본능적으로 알았던 것이다. 하지만 나는 그 경험에 관해 어떻게 이야기할지를 몰랐다. 그래서 그저 침묵했고 살면서 내내 그것을 비밀로 숨겨왔던 것이다. 하지만 이후 나는 그리스도교의 안과 밖에서 아주 많은 사람들이 그리스도의 현존을 경험한다는 것과, 숱한 사람들이 '알 수 없는 그분'을 이름 없이 혹은 다른 이름으로 경험한다는 것, 그리고 그 경험은 하나같이 사랑에 관한 경험이라는 것을 깨닫게 되었다. 그러기에 우리가 서로의 이야기에 귀 기울이는 것이 매우 중요하다. 그래야 고립된 상태에서 이상하게 보이는, 우리가 저마다 했던 통찰의 편린들이 한데 모여 우주가 가진 깊은 인격적 본성을 드러내기에 충분한 그림이 되는 것이다.

    12세기 초에 이르러 켈트 세계의 위대한 두 그리스도교 사상가들의 삶 안에서 그리스도에 대한 새로운 통찰이 동시에 나타났다. 하나는 조지 맥클레오드(George MacLeod)인데, 그는 오늘날 스코틀랜드에 있는 아이오나 공동체의 창시자다. 다른 사람은 피에르 떼이야르 드 샤르댕(Pierre Teilhard de Chardin)인데, 그는 프랑스의 신비주의자이고 과학자이며 사제이다. 그들의 통찰의 중심에는 그리스도 현존의 경험이 있다. 그러나 두 사람 모두에게 이것은 인류로부터 분리된 현존이거나 그들을 인류로부터 분리시키는 현존이 아니었다. 오히려 창조세계의 중심에 있는 사랑의 현존으로서 인간 영혼들과의 더 깊은 일치 그리고 지구의 단일성에 대한 더 예민한 감각으로 인도했다. 맥클레오드가 나중에 이야기한 것처럼, "그리스도는 영적 세계 안에서뿐만 아니라 물질세계 안에서도 진동하고 계십니다."[1] 혹은 떼이야르가 말하듯이, "물질의 중심에는 하나님의 심장이 있습니다."[2] 우리가 창조세계라는 몸 안으로, 인간 영혼의 내면 속으로 더욱 깊이 들어갈수록 우리는 현존하시는 그분에게 더욱 가까이 나아간다. 그리스도는 물질의 중심에 있는 곡조와 동일한 곡조를 지니고 있다. 그 곡조는 우리를 나머지 세계와 떼어놓는 곡조가 아니다. 거꾸로 그것은 가장 깊은 우주의 찬송으로 우리를 이끈다.

그리스도에 대한 이 새로운 통찰은 단지 스코틀랜드 헤브리디스 제도의 아름다움 혹은 프랑스의 루아르(Loire) 계곡의 장관에서만 나타난 것이 아니라 유럽의 제1차 세계대전의 최전방에서도 나타났다. 때때로 켈트 그리스도교에 대한 풍자는 도시의 편리한 안전과 달리

---

1) R. Ferguson, ed., *Daily Readings with George MacLeod*(London: Fount, 1991; Glasgow: Wild Goose, 2001), 68.
2) P. Teilhard de Chardin, *The Heart of Matter*, trans. R. Hague(London: Collins, 1978), 15.

농촌을 목가적으로 묘사하는 (영국 자연과 계관시인) 워즈워드 낭만주의와 같은 것으로 묘사된다. 반면, 맥클레오드는 영국 군인으로서 그리고 떼이야르는 프랑스 군대의 들것 드는 사람으로서 인류가 자신에게 자행할 수 있는 최악의 공포 한가운데에서 현존하시는 그분을 경험했다. 인간의 몸뚱이들이 조각조각 찢겨져 튕겨나가는가 하면 프랑스의 농촌은 폭탄으로 폐허가 됐다. 맥클레오드와 떼이야르가 그리스도를 사랑의 고난을 받는 현존으로 경험한 곳은 다름 아닌 그런 곳들이었다.

오늘날 우리의 세계에서 깨어지고 있는 것들은 무엇인가? 민족들은 왜 전쟁을 일으키며, 창조세계라는 몸은 어떤 상처로 신음하는가? 우리의 공동체들 안에서 일치를 가로막고 있는 것은 무엇이며, 우리 삶의 가장 중요한 관계들 안에서 우리가 투쟁하는 것은 무엇인가? 우리가 현존하시는 그분을 보도록 초대된 곳은 바로 그런 곳이다. 또한 창조세계의 무한한 아름다움과 야생성 그리고 인간 영혼의 제한 없는 상상과 갈망 안으로도 초대되고 있다. 가끔 우리가 생명의 중심에 있는, 말로 형언할 수 없는 아름다움을 기억하는 것은 특별히 우리가 가장 사랑하는 사람들의 정신과 몸이 또한 우리가 가장 소중하게 여기는 민족과 땅의 영혼과 조직이 찢겨나갈 때이다. 1915년에 떼이야르는 그 비참한 이프르(Ypres) 전투 후에 이렇게 적었다. "그 어느 때보다 나는 생명이 아름답다고 믿는다."[3)]

맥클레오드가 그리스도의 현존을 깨닫게 된 것은 휴가 기간 동

---

3) U. King, *Spirit of Fire: The Life and Vision of Teilhard de Chardin*(New York: Orbis, 1996), 51.

안, 그러니까 그가 전선에서 집으로 가던 중이었다. 그것은 어떤 낯선 현존이 아니었다. 그것은 맥클레오드가 속한 나라들 사이의 고통과 투쟁으로부터 직접 나타났다. 기차는 붐볐고, 군인들로 꽉 찼다. 여행자 중에는 맥클레오드처럼 용감한 군인 표창을 받은 사람들이 있는가 하면 대개는 부상병들이었다. 하지만 무척 강한 그분의 임재에 압도당한 그는 달리는 기차 안에서 무릎을 꿇고 자신을 그리스도에게 바쳤다. 매사 행동에 옮길 줄 알았던 그는 여행이 끝날 때까지 기다릴 수 없었던 것이다. 이제 무엇을 해야 할지 알았기에 즉시 그 자리에서 행동에 옮겼던 것이다. 그는 이제 한 나라의 군인이 아니라, 이후 자신이 말하는 '밀레스 크리스티'(*miles Christi*), 즉 비폭력에 헌신하는 그리스도의 병사가 되기로 작정했다.

나는 조지 맥클레오드를 그의 노년에 알게 되었다. 나는 그가 위대했던 한 이유는 자신의 생각을 반복해서 말하는 것을 신경 쓰지 않은 것임을 깨달았다. 그는 96세까지 살면서 자신의 생각을 반복해서 말할 수많은 기회를 가졌다. 그가 말하기 좋아했던 것 중 하나는, "물질이 중요해. 왜냐하면 물질적인 것의 중심에는 영적인 것이 있기 때문이야"였다. 그러므로 우리의 물질에 대한 태도야말로 우리의 영성의 중심적인 문제라는 것이었다. 우리 몸이라는 물질이든, 우리가 개인적으로나 집단적으로 관계성 안에서 어떻게 서로를 접촉하느냐에 관한 것이든, 그것은 거룩한 물질이라고 할 수 있다. 그것이 지구 에너지라는 물질이든, 우리가 지구의 선함을 다루고 나누는 방식에 관한 것이든 그것은 거룩한 물질이다. 혹은 그것이 몸 정치라는 물질이든, 우리가 민족들로서 어떻게 서로의 주권에 접근하는 것이든, 그것은 거룩한 물질이다. 맥클레오드가 "마음과 행동의 비폭력"이라고 부른 것에 스스로 헌신하고 다른 사람들도 헌신하도록 영감을 불어넣은 것은 그가 바로 현존하시는 그분이 물질 안 깊이 계시며 창조세계는 하나님의 몸이라고 확고하게 믿었기 때문이다. 그는 지치지 않고 평화를 설교했다. 사실 그는 근대 세계가 알고 있는 가장 적극적인 평화주의자의 한 사람이다.

조지 맥클레오드와 내가 나눈 마지막 대화는 — 만약 내가 그와 나눈 전화 통화, 그것도 내가 한 말이라고는 '여보세요'밖에 없는 전화 통화를 '대화'라고 할 수 있다면 — 그가 임종을 거두기 직전인 1991년에 이루어졌다. 나는 영국의 종합 일간지 「가디언」(The Guardian)에 칼럼을 써 달라는 요청을 받았었다. 대화가 이루어진 날은 8월 6일이었는데, 이날은 예수의 변모사건을 기념하는 현성용(顯聖容, Transfiguration) 축일이자 히로시마 원폭 투하를 기억하는 날이었다. 맥클레오드는 한결같이 열정적으로 그리스도를 세계의 빛으로, 단지 영적 빛이 아니라 육체적 빛으로 소개하였다. 그는 보이는 것과 보이지 않는 것을 분리하는 것, 혹은 물질로부터 영을 단절시키는 것을 거부했다. 그래서 내가 「가디언」에 쓴 기사에 전적으로 맥클레오드를 다루었다. 나는 이 기사에서 거룩하게 하는 성스러운 빛을 이야기했지만, 그 성스러움이 파괴적인 에너지로 왜곡될 수 있음도 이야기했다. 1945년에 히로시마 시민들의 머리 위로 원자폭탄을 떨어뜨린 것처럼 말이다.

맥클레오드는 그날 에든버러에서 내 글을 읽었다. 96세의 나이에 그는 그 글이 이전의 글처럼 명료하지는 않았지만 자신이 쓴 글이라고 생각했다. 비록 내가 쓴 글이지만 어떤 의미에서는 그의 글이었다. 그는 그것이 자신의 글이라고 생각해서 자기의 친구들에게 보낼 수 있도록 비서에게 300장 복사해 달라고 시켰다. 하지만 그것을 보내기 직전에 그의 딸 매리가 그의 방으로 들어와 말했다. "아버지, 이건 아버지 글이 아니에요. 필립의 글이에요." 그러자 그는 즉시 전화를 집어들고 아이오나에 있는 나에게 전화를 걸었던 것이다. 내가 말 그대로 '여보세요'라고 응답을 한 다음 이루어진 대화라고는 이것이 다였다. "뉴웰인가, 여기 맥클레오드네. 참 좋은 글이야. 내가 썼지만 말이야." 딸깍.

맥클레오드는 떼이야르를 한 번도 만난 적이 없는 것 같다. 그러나 그들은 같은 통찰을 가진 형제들이었다. 그래서인지 그들의 여정은 놀랍도록 비슷했다. 떼이야르는 1881년에 프랑스에 있는 고대 골(Gallic) 가계에서 태어나 리옹에서 교육을 받았다. 자서전에서 그는 자신이 소년 시절 '물질에 끌렸던', 좀 더 구체적으로는 '물질의 중심에서 반짝이는 무언가에 끌렸던' 것을 기억한다.[4] 하지만 전통적인 로마가톨릭 가족 안에서 자라났기 때문에 그는 물질에 대한 그의 경험과 자신의 종교적 유산을 통합할 수 있는 뾰족한 수가 달리 없었다. 사실 그에게는 물질이란 "사실상 영의 적이 아니라 해도 영의 겸손한 하인에 지나지 않는다"는 인상이 주어졌다.[5] 따라서 이 단계에서는 종교적 헌신이 큰 의미를 주지 않았기에 젊은 떼이야르는 그가 범신론의 기간들이라 부르는 시기로 들어갔다. 우주의 모든 것이 그에게

---

4) Teilhard de Chardin, *Heart of Matter*, 17.
5) *Ibid.*, 26.

동등하게 거룩한 것으로 보였다. 하지만 물질의 중심에 현존하시는 그분에 대한 감각은 아직 없었다.

하지만 깨달음은 1914년에 유럽을 집어삼키고 있던 영혼의 집단적 혼란 가운데 갑작스럽게 그에게 다가왔다. 민족들 사이에 일어나고 있는 일들로 고뇌하고 세계의 흐름에 개인적으로 절망할 때 그는 그리스도께서 그에게 말씀하시는 것을 들었다. "에고 숨, 놀리 티메레(*Ego sum, noli timere*, 나다 두려워 말라)."[6] 그는 마태복음에 나오는 이 말씀을 민족들의 고통스러운 여정과 동떨어진 곳, 혹은 그 여정을 초월한 곳에서 들려오는 음성으로 듣지 않았다. 그는 이 말씀을 자신 안에서 들었다. 물질의 중심으로부터 그리고 인간 영혼의 가장 깊은 곳으로부터 들었던 것이다. 그리고 이 말씀이 그의 여생 동안 그를 해방시켜 물질 안으로 깊이 탐구해 들어가도록 했다. 그 물질이 지구의 검은 물질과 그것의 감추어진 비밀이든, 혹은 인간 영혼의 불가사의한 물질과 그것의 끝없는 움직임이든 말이다. 그 모든 것 안에서 그는 현존하시는 그분을 보았다. "나다, 두려워 말라."

떼이야르는 이후에 "우주적 생명 안에는 하나님과의 교제가 있고, 지구와의 교제가 있으며, 또한 지구를 통한 하나님과의 교제가 있다."고 말한다.[7] 그가 물려받았던 종교적 전통은 '하나님과의 교제'를 가르쳤다. 그의 타고난 본성은 '지구와의 교제'가 있음을 그에게 가르

---

6) P. Teilhard de Chardin, *Le Milieu Divin*, trans. R. Hague(London: Collins, 1967), 78.
7) P. Teilhard de Chardin, "Cosmic Life", in *The Prayer of the Universe*, trans. R. Hague(London: Collins, 1977), 41.

쳤다. 하지만 그의 그리스도 경험은 '지구를 통한 하나님과의 교제'가 있음을 가르쳤다. 그가 자신의 여생을 바치기로 한 것은 바로 이 교제에 관해서였다. 과학자로서의 고생물학 연구에서 그는 지구 안으로 파고 들어갔다. 사제로서의 신학적 연구에서 그는 인간 영혼의 깊이를 탐구했다. 그리고 그 둘 안에서 그는 하나님과의 교제를 추구했다.

떼이야르가 지구를 통한 하나님과의 교제에 눈을 뜬 것은 유럽의 깨어짐과 전방의 피투성이 참호 속이었다. 1916년 부활 주간의 던커크(Dunkirk) 전투에서 그는, "내가 지구의 중요성에 나 자신을 더욱 헌신할수록 … 나는 더욱 하나님께 속하게 된다."고 적었다.[8] 그가 창조세계라는 몸의 신성함을 가장 분명하게 인식하게 된 때는 총단이 빗발치는 전투 속에서 부상병을 실어나를 때였고, 짓밟힌 포도원이 폭탄으로 구멍이 파이고 자기 주위의 땅이 충격으로 흔들릴 때였다. 그는 보았다. 우리가 민족으로서 서로 행하는 것과 우리가 인류로서 지구에게 행하는 것이 곧 사랑의 현존이신 그분에게 행하는 것임을. 그리고 그는 놀라울 정도의 부드러운 목소리로 그리스도와 창조세계에 관해 이렇게 단숨에 이야기한다. 던커크 전투에서 그가 드린 기도다. "주 예수님, 당신을 사랑합니다. 당신은 인간의 심장처럼 고결하고 자연의 힘처럼 격렬하며, 생명 그 자체처럼 친밀합니다. … 세상으로서 존재하는 당신을 사랑합니다. 이 세상으로 존재하시며 내 마음을 사로잡는 당신을 사랑합니다."[9] 우리 마음이 사랑의 포로가 될 때 우리는 무엇을 하는가? 사랑하는 아이들이, 항상 거기에 우리를 위해

---

8) *Ibid.*, 89.
9) *Ibid.*, 104.

있어준 친구들이, 우리의 고국인 나라가, 그리고 우리를 낳아준 부모님들이 고통을 받을 때 우리는 무엇을 하는가? 우리는 그들과 하나라는 것을 안다. 그리고 그들의 잘됨이 마치 우리 자신의 잘됨인 양 빌어준다. 그리스도에 대한 떼이야르의 사랑과 창조세계에 대한 사랑은 둘로 분리할 수 없는 하나로서, 그리스도와 창조세계가 일치하고 있음을 알게 해준다. 그에게 그리스도는 우주를 통해 "밝게 빛나는 영혼"이다.[10] 그는 자신의 참 중심은 각자 개별적 존재의 제한된 경계 안에서가 아니라 생명의 중심에서 찾게 될 것이라는 것을 알게 되었다. 바로 그곳에서, 모든 마음들이 비롯된 그 마음 안에서 우리는 자신의 가장 참된 정체성을 찾게 될 것이다. 그리고 바로 그곳에서, 또한 분리가 아닌 만물과의 관계성 안에서 안녕을 찾게 될 것이다.

떼이야르는 우리가 우리 자신의 바깥에서 진정한 자아를 찾게 된다는 것을 말하기 위해, 혹은 우리의 참된 중심을 서로 중심과 모든 생명의 중심에서 찾을 것이라고 말하기 위해 '탈(脫)중심화'(ex-centration)라는 개념을 사용했다.[11] 그렇다. 우리는 또한 그분의 현존을 우리 자신 안 깊은 곳에서 발견한다. 한편, 그 경험은 모든 생명의 중심이신 그분의 현존과 조우하는 것이다. 우리가 우리의 영혼 안으로 더 깊이 들어갈수록 서로 영혼에 더 가까이 다가가게 된다. 그리고 우리가 모든 생명의 중심에 더 가까이 다가갈수록, 우리 자신의 존재의 중심으로 더욱 가까이 들어간다. 떼이야르는 이것을 값비싼 길로 인식했다. 왜냐하면 나라든 종교 공동체든, 개인이든 인간이라는 생물종이든,

---

10) King, *Spirit of Fire*, 102.
11) Teilhard de Chardin, *Le Milieu Divin*, 88.

각각 고립된 상태 속에서도 안녕을 찾을 수 있다는 관념을 버리는 것을 의미하기 때문이다. 그래서 떼이야르에게 있어 그리스도의 십자가야말로 우리의 '진정한 이미지'가 된다.[12] 십자가는 결코 속죄나 하나님에 대한 지불의 차원이 아니다. 그것은 우주의 중심에 계신 그 현존하시는 분에 대한 계시다. 십자가는 오직 우리가 우리의 마음을 내어줄 때에야 우리 마음을 지킬 수 있으며, 사랑 안에서 자신을 잃을 때에만 자신을 찾을 수 있으며, 오로지 팔을 넓게 벌려 서로 지구를 껴안을 때만 구원을 얻을 수 있으며, 그래서 결국 분리 속에서가 아니라 더불어 함께 구원받을 것이라는 가장 위대한 진리를 계시한다.

청소년기 한밤중에 내가 깨달았던 그분의 현존은 자신을 내어주시는 현존이었다. 그리스도는 사랑 안에서 나를 향해 몸을 숙여 완전히 집중하고 계신 모습이었다. 노리치의 줄리앙은 환상을 통해 연속적으로 그리스도를 만남에 있어 그 만남이 그녀 혼자만의 경험이 아니라고 말한다. 그 만남은 우리의 경험이기도 하다고 말한다. 왜냐하면 '우리는 모두 하나'이기 때문이다.[13] 인간의 영혼 안에는 그런 만남의 자리가 있다. 내가 진작 그것을 알았더라면 나는 내 경험에 대해 말할 수 있는 언어를 갖게 되었을 것이다. 진작 그것을 알았더라면, 그것을 하나의 사적인 경험으로 숨겨버리는 대신에 우리 모두를 위한 축복으로 공유할 수 있는 길을 찾았을 것이다. 그러나 나는 그것을 미처 몰랐다.

그런데 그리스도를 경험한 나의 이야기를 자유롭게 할 수 있게

---

12) Teilhard de Chardin, "Cosmic Life", 100.
13) Julian of Norwich, *Revelation of Divine Love*, 10.

된 것은 작년 뉴멕시코에서 한밤중에 깨달음을 얻고 나서부터였다. 나는 고원지대에서 한 주간 집필하는 시간을 가지고 있었다. 땅은 헐벗은 겨울을 보여주고 있었다. 나의 작은 처소 입구를 둘러싸고 있는 나무들은 아직도 맨몸으로 묵묵히 서 있었다. 그런데 내가 야외로 나가려 할 때 밝게 빛나는 별들은 내가 이전에 경험했던 것보다 훨씬 더 가까이 있는 것 같았고, 잎눈이 무성히 돋은 포플러나무가 내 처소 입구를 향해 몸을 굽히고 있음을 알아챘다. 그러자 그날 밤 어둠 속에서 내가 볼 수 있었던 모든 것들과 내 위에 펼쳐진 무한한 우주 공간과 또 희미하게 반짝이는 행성들과 밝게 빛나는 은하수들이 그의 현존하심 속에 모두 내게 몸을 굽혀 귀를 기울이고 있다는 것을 깨닫게 되었다. 나는 알았다. 그것은 우리 모두를 위한 것이라는 것을. 그러면서 나는 이제 그것을 말할 수 있게 되었다.

현존하심에 대한 경험, 온 우주를 가득 채우고 있는 찬송, 우리가 듣든 안 듣든 계속되는 선율, 특히 눈물과 혼동과 깨어짐의 한가운데에서 들려오는 노래, 또 한밤중에 잠에서 깨어 침대에 앉아 있던 소년, 그 후 40여 년의 세월이 흘러 뉴멕시코의 집 바깥에 앉아 있던 내 모습 등, 나는 그날 밤 내 마음과 민족, 그리고 조국에 대해 품고 있던 고통 너머에 특히 사람들 속에, 그리고 뉴멕시코의 고원지대 안에 있던 고통의 본체를 보게 되었다. 세대를 이어 서로에게 폭력을 행사하는 사람들, 천연자원과 원주민들의 고대 문화를 황폐하게 만드는 유럽의 국가들, 그리고 내가 앉아 있는 곳으로부터 60여 킬로미터 안에 있는, 그러니까 수십만 일본인들을 죽였던 폭탄이 설계되고 실험되었던, 그리고 오늘도 지구 가족을 파괴할 수 있는 폭탄들이 계속 생산되는 로스 알라모스(Los Alamos) 국립 실험실 말이다.

맥클레오드와 떼이야르는 다른 곳이 아니라 지구의 고통 한가운데에서 그것을 들었다. 그들은 우주만큼이나 오래되고 오늘의 신성한 사랑의 탄생만큼이나 새로운 그 찬송을 들었다. 그 찬송은 창조세계의 중심에 있는 조화를 우리에게 상기시켜주는 찬송이다. 우주적 소리와 친밀한 속삭임의 찬송이기도 하다. 그 찬송은 영원한 목소리 안에서 하나의 주제로 끊임없이 드려지는 찬송이다. 또한 현존하시는 그분의 노래이다. "에고 숨, 놀리 티메레"(나다, 두려워 말라.) 그 찬송은 우리를 자유케 하여 우주를 치유하는 길을 나서게 하는, 자신을 내어주시는 사랑이신 그분이 부르시는 찬송이다.

| Christ of the Celts: The Healing of Creation | 제8장

깨어진 박자

뉴멕시코의 치마요(Chimayo)에는 치유를 위해 지어진 작은 예배당이 하나 있다. 다양한 세대의 여자와 남자들이 종종 순례를 위해, 그들과 그들이 사랑하는 사람들의 기적적인 치료를 위해 이곳을 찾는다. 이곳은 나름의 아름다움을 갖추고 있다. 그 교회는 '리타블로'(retablo) 형식의 예술로 꾸며져 있으며, 화려한 예수상과 마리아상이 있고, 치유의 특성이 있는 것으로 이름 난 황토모래도 있다. 하지만 내가 그곳을 마지막으로 방문했을 때, 나는 그곳이 밝은 색깔의 어린애 같은 예술과, 예수님과 마리아를 위해 성례전적으로 가지런히 정리된 예쁜 옷들, 그리고 거룩한 흙으로 채워진 교회의 모래상자 등으로 이루어진 어떤 종교적 신생아실과 같다는 것을 깨달았다.

내 삶에 신생아실과 같은 장소가 없었다고 말하려는 게 아니다. 그곳은 정말 안전하니 보호받는 느낌을 준다. 그곳에는 순진무구함도 있고 장난스러움도 있다. 문제는 그게 아니라 우리의 서구 그리스도교 전통이 대체로 그런 신생아실로부터 졸업을 했느냐 하는 것이다. 여성에 대한 목사 안수를 허용하게 되었음에도 불구하고 '아버지가 가장 잘 안다'는 분위기가 여전히 팽배하다. 하지만 결과는 거의 비슷하다. 성사(聖事)를 다루고 해석하는 책임은 책임 맡은 지도자들의 무사(無事)에 맡겨져 있다. 그리고 교회의 흙은 다른 흙보다 더 거룩하다는 생각이 여러 방식으로 지속되고 있다. 그것은 비록 대개 다른 물질들보다 더욱 거룩하다고 간주된 성례전의 빵과 포도주나 성서의 문자와 낱말의 형태를 취하고 있지만 말이다.

하지만 신생아실 패러다임의 가장 위험한 측면은 개인으로서 공동체로서 그리고 국가로서 서로 고립된 상태에서도 치유와 구원이 임할 수 있다고 생각하게 만든다는 점이다. 실재라는 몸이 하나임을 우리가 알고 있다면 치유와 구원을 추구한다는 것은 무엇을 의미하는가? 내 아들이 고통을 받는데 어떻게 아버지인 내가 온전하다고 우길 수 있는가? 다른 나라들이 고통 가운데 있는데 어떻게 우리 국민만 안녕하다고 주장할 수 있는가? 지구의 몸이 감염되었는데 어떻게 인간이 건강할 수 있겠는가? 우리의 종교적 전통에 속한 사람들에게는 구원의 희망을 주면서, 암암리든 명시적이든, 나머지 다른 인간과 지구는 이 구원에 포함되지 않을 수도 있다고 암시하는 것은 오늘날 생명과 안녕의 상호연결에 대해 우리가 알고 있는 모든 것과 모순된다.

노리치의 줄리안이 "모두 잘될 것입니다. 다들 잘될 것입니다. 모든 것이 잘될 것입니다."라는 내적 확신을 받았을 때,[1] 그녀가 들은 것은 만물이 안녕하기까지는 그녀가 안녕하지 못할 것이라는 사실이다. 또한 가족과 나라와 모든 생물 종(種)을 포함하여 우리 각자가 진정으로 안녕하지 못할 것이라는 것이다. 우리의 삶과 관계, 그리고 세계 안에는 모두가 치유되기 전까지는 치유될 수 없는 어떤 깨어짐이 있다. 우리는 너무도 깊은 차원에서 서로의, 그리고 만물의 한 부분을 이루고 있기 때문에 분리 안에서 온전함을 말하는 것은 의미가 없다. 온전함은 분열에서가 아니라 관계 안에서 온다. 우리가 우주의 찬송에 맞춰 조화롭게 움직이기 전까지 우리의 구원의 노래는 전체적인 선율과 조화를 이루지 못하는 엇박자가 될 것이다.

4세기에서 7세기까지 고대 켈트 선교에 있어 예배는 땅과 바다, 하늘을 어우러지게 한다는 맥락에서 드높이 세워진 십자가 주위로 모이는 형태를 취한다. 여기서 강조되는 것은 창조세계 그 자체가 하나님의 성소(聖所)라는 것이다. 거기에는 만물이 포함된다. 664년 영국의 휘트비 총회에서 제국의 선교가 승리하기 전까지만 해도, 그리고 이후 몇 세기에 걸쳐 켈트 전통 안에서는 지금 우리가 그리스도교 예배와 강력히 동일시하는, 네 벽으로 둘러싸인 돌로 된 거대한 종교적 구조물을 찾아볼 수 없었다.

나는 아이오나에 이 두 가지가 다 있다는 점에 감사한다. 아이오나에는 성 마르틴(Saint Martin)의 드높이 솟은 고대의 십자가가 있어서 거룩함은 가없는 것임을 우리에게 떠올려 준다. 또한 사람들이 피난처와 공동체를 찾아 13세기에 지은 베네딕트 수도원도 있다. 하지만 우리는 우리의 종교적 성소들이 기껏해야 창조세계라는 거대한

---

1) Julian of Norwich, *Revelation of Divine Love*, 80.

성당 옆의 일개 부속 예배당에 지나지 않는다는 것을 상기할 필요가 있다. 안 그럴 경우, 역사적으로 늘 반복되는 일이기도 하지만, 하나님은 그 어떤 곳보다 네 벽의 건물 안에 어떻게든 더욱 많이 계시며, 네 벽 안에서 회합을 가지는 시간이 그 어떤 시간들보다 더욱 거룩하며, 그리고 네 벽 안에 모이는 사람들은 다른 모든 사람들보다 어쨌거나 더 거룩하다는 인상을 받게 된다. 비극적인 일이지만, 우리는 우리 자신을 창조세계 그리고 나머지 세계와 더욱 깊이 결합시킴으로서가 아니라 창조세계와 나머지 세계로부터 분리시킴으로써 안녕과 구원을 추구한다는 인상을 주어왔다.

제1차 세계대전이 끝날 때 떼이야르 드 샤르댕은 예수회 신부가 되겠다고 최종 서원을 하고 파리로 돌아와 지질학 박사학위 연구에 들어갔다. 전선(戰線)에서 창조세계의 영광과 고통을 경험하였기에, 인간으로서의 삶의 여정 안에서 그리스도의 현존을 경험하였기에 떼이야르는 제한적이고 폐쇄 공포적인 정통교리의 경직된 경계선을 발견했다. 그는 한 친구에게 이렇게 자신의 실망을 표현했다. "내가 믿기에 교회는 여전히 어린애라네. 교회는 그리스도에 의해 사는데, 그리스도는 교회가 상상하는 것보다 헤아릴 수 없이 더욱 크신 분이지."[2]

놀랄 일도 아니지만 떼이야르의 이러한 정서를 그의 교회 상관들은 좋아하지 않았다. 그들은 오늘날의 지구의식(earth consciousness)을 예견한 이런 예언자적 통찰력에 위협을 느낄 따름이었다. 1920년대 초반 파리에서 떼이야르는 훗날 디트리히 본회퍼와 같은 사람이

---

2) Teilhard de Chardin, *Heart of Matter*, 117-118.

1940년대 나치 독일에서 '성인이 된 세계'에서의 그리스도교를 논하며, 세계 투쟁의 복잡성과 지구와 인간 영혼의 강력한 진통으로부터 도피하려는 종교성의 신생아실로부터 우리가 졸업해야 한다고 역설할 때 말하고자 한 바를 이미 말하고 있었다. 즉 조지 맥클레오드가 말하곤 했던 '영혼의 구원이 아니라 만물의 구원'을 바라보는 그리스도교, 전 지구 공동체로부터의 고립에서가 아니라 그것의 안녕과의 관계에서 자신의 안녕을 추구하는 그리스도교, 지구의 통일성이라는 새로운 의식과 무관하거나 반대되는 것이 아니라 그것을 선도하는 한 부분으로서의 그리스도교를 말이다.

떼이야르는 또한 1920년대에 한 친구에게 "특히 지중해적인 모든 것으로부터 우리의 종교가 자유로울 필요성"에 대해 썼다.[3] 그가 지구의 통일성이라는, 새로 떠오르는 의식에 근본적으로 방해가 되는 것으로 보았던 교리는 원죄라고 하는 '지중해적' 혹은 '제국의' 교리였다. 이 교리는 창조세계의 가장 깊은 에너지를 포함하여 인간 영혼의 가장 깊은 에너지를 하나님과 반대되는 곳에 놓는다. 그것은 모든 존재의 공통의 기반이 되시는 분 안에서 다 함께 우리의 온전함을 찾도록 가르치기보다, 지구와 우리 공통의 유산으로부터 눈을 돌려 나머지 세계로부터 우리를 분리시키는 구원을 소망하도록 가르쳤다. 그런데 1924년에 이르러 리옹의 종교 권력자들이 떼이야르를 소환해 이런 가르침을 소명(疎明)하게 했다. "그들은 내가 글로 써서 약속하길 원했지. 내가 원죄에 대한 교회의 전통적 가르침에 반대되는 그 어

---

3) King, *Spirit of Fire*, 94.

떤 것도 다시는 말하거나 쓰지 않겠다는 글 말이네."⁴⁾

결국 교회는 나름의 지혜를 강구해 떼이야르가 골칫거리로 되지 않을 법한 곳에 두기 위해 그를 멀리 중국으로 보내버렸다. 하지만 그들은 동양이 떼이야르에게 무엇을 줄지 몰랐다. 공식적으로 그는 한 사람의 고생물학자로 당시 가장 흥미로운 과학적 탐험의 하나였던, 인간의 기원을 기원전 50만년까지 거슬러 올라가게 한 '북경인' 발굴 작업의 일환으로 파견되었다. 하지만 그는 여기서 동양의 신비주의를 새로운 방식으로 접하게 된다. 그것은 그의 눈을 열어 생명의 통일성에 대해 더욱 넓은 생각을 갖게 해주었다. 사물의 분리됨보다 일치를 강조하는 관점을 갖게 한 것이다. 그는 나중에 "신비주의 없이는 성공적인 종교가 있을 수 없다."고 썼다.⁵⁾ 그는 신비주의의 방법이 우리가 저마다 부분을 이루고 있는 통일성에 우리 마음의 눈을 열어줄 것으로 보았다. 그 길은 우리의 치유가 고립에서가 아니라 관계에서 온다는 것을 환기시켜준다. 떼이야르는 '동양과 서양의 합류'를 이야기하기 시작했다.⁶⁾ 그는 개체성과 독특성이라는 소중한 이상을 간직하고 있는 서구 세계의 통찰력과 신비와 합일의 직관에 대한 동양의 깊은 감수성의 결합을 마음속에 그렸다.

하지만 떼이야르에게 진정한 결합은 항상 우리를 해방시켜 철저히 우리 자신이 되는 것을 의미했다. 우리는 이를 우리 삶의 가장 중요한 관계들 안에서 알 수 있다. 우리의 독창성이 발현되도록 하는 가

---

4) *Ibid.*, 107.
5) *Ibid.*, 141.
6) *Ibid.*, 189.

장 큰 힘을 지닌 사람은 정신이나 몸이나 혹은 영혼 안에서 우리와 가장 친밀하게 결합된 사람들이다. 그래서 떼이야르에게 동양과 서양의 결합은 우리를 더욱 자유롭게 하는 어떤 연합을 의미했다. 하지만 그것은 우리의 믿음이나 실천을 어떤 제한된 획일성으로 묶는, 서로에 대한 순응이 아니었다. 개인으로든 문화로든, 국가로든 지혜의 전통으로든, 우리 삶의 만남들의 가장 깊은 곳에서 우리는 혼자로는 알 수 없었던 것을 서로를 통해 발견하도록 초대받는다.

중국에 간 떼이야르에게 이것은 개인적이고도 철학적인 차원에서 일어났다. 동양의 지혜 안에서 그는 우주의 몸 안에 음적인 에너지와 양적인 에너지라는 영원히 끄는 힘이 있음을 깨닫게 된다. 그는 "우주에 있는 모든 것은 합일에 의해 만들어졌다. 서로를 추구하는 요소들이 더불어 존재함으로써 만들어졌다."고 썼다.[7] 그래서 그는 지구의 물질과 인간 영혼의 깊은 곳에 있는 여성적인 것의 '향기'에 대해 말하기 시작했다.[8] 합일의 열정을 불러일으키는 것은 바로 우리 안에 있는, 만물 안에 있는 그 부분이다. 우리가 관계성 안에서 움직이길 갈망하고 서로의 중심에 가까이 다가감으로써 새로운 시작을 찾으려 갈망하는 것 역시 우리 안에 있는 그 부분이다.

이런 깨달음의 와중에 떼이야르는 미국 아이오와 출신의 조각가이자 베이징에 살면서 작품 활동을 하고 있던 루실 스완(Lucile Swan)과 인생을 바꾸는 관계를 맺기 시작했다. 십 년 동안 그들은 거의 매일같이 만나 깊은 대화를 나누고 교감했다. 그러나 그것은 단순한 관

---

7) Teilhard de Chardin, "Cosmic Life", 143.
8) Ibid.

계가 아니었다. 물론 그렇지 않는 관계는 없지만 말이다! 떼이야르는 루실을 통해 자신의 영혼의 중심에 더욱 가까이 가게 됨을 깨달았다. 오직 그녀를 통해서 그리고 두 사람이 함께 나눈 사랑을 통해 그는 자신의 심연 안에 있는 부(富)를 발견했다.

하지만 루실은 그와의 육체적 관계를 포함하여 모든 관계를 정리하고 싶어 했다. 그녀는 서로 자신을 완벽히 내어 주길 원했다. 나중에 그녀는 이렇게 적었다. "제발 내가 단지 섹스만 말한다고 생각하지 말아주세요. 비록 그것은 매우 강렬한 것이긴 하지만요. 다른 아무것도 줄 수 없는 활력을 더해주어 서로 깊이 정이 들게 해준다는 것만은 확실해요. 하지만 그것은 단지 한 부분에 불과합니다. 나는 당신이 건강할 때에도 아플 때에도 당신과 함께 하길 원합니다. 당신과 함께 아름다운 것들을 보러 나가고 이 나라를 다 걸어보고 싶습니다. 다른 표현을 쓰자면 나는 항상 당신 옆에 있고 싶습니다. 거기서 당신과 함께 웃고 놀고 기도하고 싶습니다. 존재하는 것이 얼마나 거대한 생명의 한 부분인지 알고 계시지 않은가요? 그리고 그것이 옳은 것이고 정상적인 것이며 하나님이 주신 것이라는 것을 알고 계시지 않은가요?"[9] 하지만 떼이야르는 이미 다른 길로 자신을 헌신하고 있었다. 하지만 그것은 그가 성적 합일보다 독신주의가 더 위대한 것이라고 믿었기 때문이 아니었다. 독신주의는 그가 사랑한 세계에 자신을 내어주는 하나의 독특한 방식에 불과했다. 그는 또한 루실을 통해서도 세계의 생명에 자신을 내어줄 수 있었다. 하지만 그는 선택해야 했다.

---

[9] King, *Spirit of Fire*, 151.

그래서 그들이 주고받았던 사랑의 선물은 고통에 싸인 선물이기도 했다.

다른 이의 심장을 향해 나아간다는 것은 – 그것이 남자든 여자든, 다른 나라든 다른 종교든 – 종종 우리가 서로 멀리 떨어져 있으면 하지 않아도 되는 어떤 결정들을 내려야 하는 번뇌의 영토로 들어가는 것을 의미한다. 영혼의 깊은 곳에서 꿈틀거리는 합일(union)에의 갈망을 따를 때마다, 우리는 그 갈망이 취해야 하는 형태가 정확히 무엇인지 알기 위한 새로운 여정을 시작하는 것이다. 우리는 이것을 다른 사람 안에 있는 혹은 다른 이의 문화와 종교적 유산 안에 있는 '향기'에 우리 자신을 열 때 반복해서 경험하게 된다. 하지만 합일에의 욕구가 거룩하다고 해서 그것이 간단하다고 말하는 것이 아니다. 그리고 그리스도께서 우리에게 합일의 길을 보여주신다고 말한다고 해서 그것이 값없이 우리에게 주어진다고 말하는 것도 아니다.

1930년대에 베이징에서 떼이야르는 우리가 "우주와 하나가 될 때에만 구원받을 수 있다."는, 성육신에 대한 그의 믿음을 표현했다.[10] 그리스도는 우리에게 물질과 하나 되는, 인류와 하나 되는, 그리고 창조세계와 하나 되는 길을 보여주신다. 그는 우리에게 분리가 아니라 합일의 길을 보여주신다. 하지만 지구와 인류와 통일성 속에서 그리스도를 따른다는 것은 오늘날 우리에게 정확히 무엇을 의미하는가? 우리 자신을 이웃과, 고난 받은 자들과, 다른 국민들의 삶과, 혹은 다른 종교의 지혜들과 하나 되도록 헌신한다는 것은 과연 무엇

---

10) P. Teilhard de Chardin, *Christianity and Evolution*, trans. R. Hague(London: Collins, 1971), 128.

을 의미하는가?

2006년 뉴멕시코의 고원지대 안에 '태양의 집'(Casa del Sol) 공동체가 문을 열 때, 나는 산타페에서 온 유대교 랍비 나훔(Nahum)을 만났다. 겨우 몇 분 대화를 나누었을 뿐인데 우리는 바로 형제임을 깨달았다. 우리는 서로의 영혼을 즉시 알아보았다. 나는 예루살렘에서 알고 있던 다른 랍비에 대해 이야기했다. 그는 몇 년 전에 아이오나를 방문해 토라(Torah)를 가르치고 성만찬을 나누었던 경험을 이야기했다. 대화를 나누노라니 나훔의 눈이 내 눈처럼 감정에 복받쳐 촉촉이 젖어 있는 것이 내 눈에 보였다. 왜냐하면 우리는 형제로서 서로 함께 힘을 북돋아주는 방법을 찾고 싶어 한다는 것을 알았기 때문이다. 다음 날 나훔은 나에게 전화를 걸어 태양의 집에서 나와 함께 가르치고 싶다고 전했다.

그 해 여름 우리는 태양의 집 정원에서 여러 날 아침을 함께 보냈다. 거기서 16명에 이르는 우리는 그리스도를 사랑하는 것과 그를 따라 인간의 영혼과 지구의 몸과 더 깊은 합일로 나아간다는 것이 무엇을 의미하는지를 탐구했다. 우리는 이른 아침 사시나무 아래 앉아 나훔이 오늘날의 세계를 위해 히브리 성서에 대해 질문을 던지는 것을 들었다. 우리는 아침에 생긴 질문들이 저녁시간의 가르침에서 해결되고, 저녁에 일어난 질문들이 아침 공부에서 깨달음을 얻는 것을 발견했다. 나중에 랍비 나훔은, "필립이 가르치러 들어갈 때는 그리스도인이지만 나올 때는 유대교인이 됩니다."라고 말했다. 동의한다. 하지만 사실은 그 반대다. 나훔의 가르침은 그리스도에 대한 나의 사랑을 더욱 풍요롭게 해주었다. 우리가 우리의 온전함을 찾는 것은 분리 속에서가 아니라 관계 안에서이다. 왜냐하면 우리는 하나이기 때문이다.

　우리가 함께 한 첫 주가 끝나갈 즈음, 나는 나훔에게 주일날 교회의 성만찬에서 설교할 용의가 있는지 물었다. 그리고 그에게 아주 좋은 복음서 본문을 주었다. 즐거운 마음으로 그는 설교의 서두에서 그리스도인들은 오랫동안 유대인들이 교회에 나오기를 원하지 않았느냐고 말했다. 하지만 그날의 특징은 그가 그리스도인이 되기 위해서가 아니라 유대인이 되기 위해 교회에 초대받았다는 것이라고 말했다. 그의 설교가 끝나고 성만찬이 집례되었고 나훔도 온전히 참여했다. 우리는 교회의 빵과 포도주가 아니라 땅의 빵과 포도주를 함께 나눴다. 우리는 종교적 정체성의 분리를 위해서가 아니라 인간의 영혼을 살지게 하기 위해 함께 먹고 마셨다. 우리가 성만찬을 나눌 때 나는 그냥 눈물이 났다. 그리고 흐느껴 울었다. 내 자신 안에 가지고 있던, 수세기 동안 쌓였던 분열과 깨어짐이 씻겨나가는 것이 느껴졌다. 원래부터 하나인 우리 존재의 기초가 내 심장을 흔드는 느낌이었다. 그렇게 거기서 우리는 힘을 얻었다.

　제2차 세계대전이 끝나고 떼이야르는 파리로 돌아왔다. 그는 동양에서 우리의 구원이 따로 따로 분리된 실가닥이 아니라 함께 발견되어야 하는 것임을 더욱 깊이 확신하게 되었다. 그래서 우리는 "지구의 심장 바로 그것이 … 우리 안에서 뛰게 해야 한다."고 말했다.[11] 그것이 우리 존재의 중심에서 울리는 리듬이다. 우리가 현존하시는 그분의 거룩한 심장박동 소리를 가장 분명히 들을 수 있는 곳은 서로

---

11) Teilhard de Chardin, *Le Milieu Divin*, 154.

와 만물의 관계성 안에서이다. 하지만 유럽으로 돌아온 떼이야르는 그의 종교적 전통이 '구원받은 자들'을 나머지 인류로부터 분리시키는, 그리고 어떻게 해서든지 지구를 초월하는 구원을 약속하는 길을 여전히 추구하고 있음을 발견한다. 그리스도는 결국 창조세계를 버린 분으로, 그리고 인간의 여정을 버린 분으로 진술되고 있는 것이다. 그리스도는 우주의 중심에 있는 그 찬송을 회복시키시는 분이 아니라 우주와 어울리지 않는 기묘한 노래를 부르는 분으로 진술되고 있는 것이다.

떼이야르가 특히 비판했던 것은 교회의 지도자들이었다. 중국에 있을 때에도 그는 이렇게 말했었다. "세상이 구원을 받으려면 그리스도가 성직자의 손에서 구출되어야 합니다."[12] 떼이야르는 인류가 '변화의 시대'에 이르렀음을 예언자적 눈으로 읽었다.[13] 그래서 나라들 사이에 더 큰 일치와 종교 간 대화를 준비하는 데 도움이 되는, 실재에 대한 통합된 견해를 공표했다. 그는 오늘날 변화의 시대가 인류의 역사에서 유례가 없는 지구의 단일성에 대한 의식으로 자라날 것임을 예견했다. 우리 행성의 미래 자체를 지속적으로 위협하는, 그러한 견해에 대한 고통스럽고 파괴적인 반발이 여전함에도 불구하고 말이다. 그로 하여금 그리스도교 안에서 새로운 탄생을 갈망하도록 만든 것은 새로 일어나는 변화에 대한 떼이야르의 깨달음이었다. 그는 "곧 다가올 2000년 이후에 그리스도는 반드시 다시 태어나셔야 한

---

12) King, *Spirit of Fire*, 148.
13) Teilhard de Chardin, *Christianity and Evolution*, 94.

다."고 말했다.[14]

하지만 다시금 그가 속한 교회의 권력자들은 그의 이러한 통찰력에 위협을 느꼈다. 그들은 떼이야르가 유럽에서 더는 가르침을 펼치지 않았으면 했다. 그래서 두 번째로 그를 유배 보냈는데, 이번에는 미국이었다. 하지만 그리스도의 새로운 탄생에 대한 그의 갈망은 으스러지지 않았다. 당시 그는 자신이 속한 예수회의 책임자에게 이렇게 썼다. "그리스도께서 지금처럼 더 진실 되고, 더 친밀하며, 더 광대한 적은 없는 것 같습니다."[15] 그리스도에 대한 이런 삼중적 통찰은 – 진실되고, 친밀하며, 광대한 – 다름 아닌 켈트 전통이 그리스도와 창조세계에 보냈던 전형적인 통찰이었을 뿐만 아니라 오늘을 위한 그리스도교 재탄생의 밑그림이기도 하다.

인간의 영혼 안에는 진실한 것에 대한 목마름, 즉 만물이 상호 연결되어 있음을 깨닫는, 실재에 대한 새로운 통찰에 대한 목마름이 있다. 인간의 심장 안에는 인격적인 것에 대한 목마름, 즉 사랑과 합일에 대한 끊임없는 동경 속에서 우리 존재와의 가장 친밀한 중심에 말을 걸고자 하는 갈증이 있다. 인간의 영혼 안에는 광대한 것에 대한 갈망, 즉 우주의 무한함으로 우리의 시야를 확장하는 것에 대한 원함이 있다. 떼이야르가 말한 것처럼, 우리가 하나님의 심장박동을 들을 때 우리 자신의 영혼 안이든 다른 사람의 심장 안이든, 혹은 창조세계의 몸 안이든, 우주의 광활한 공간 안이든, 우리 자신의 '이름이 불려

---

14) *Ibid.*, 95.
15) Teilhard de Chardin, *Le Milieu Divin*, 39.

지는' 경험을 하게 될 것이다.16) 우리의 가장 깊고 가장 자기다운 정체성이라는 장소가 명명(命名)되는 것이다. 그 목소리는 친밀하면서도 광대하다. 그 목소리는 직접적이면서도 광대하다.

그리스도에 대한 사랑과 창조세계에 대한 사랑, 바로 이 두 가지가 미래 시대의 영성의 '쌍둥이 기둥'이라고 떼이야르는 말했다.17) 그리스도를 믿는 것과 지구를 믿는 것, 이 두 가지가 우주의 중심 바로 그곳으로 우리를 다시 인도할 '신앙의 축'(axis of faith)인 셈이다. 그것들은 영과 물질의 결합이다. 그것들은 하나로 짜인 열정과 풍요다. 개별적 존재이자 동시에 무한한 공간이기도 하다. 따라서 조지 맥클레오드가 우주의 물질을 언급하며 "모든 축복받은 것"18)이라 불렀던 것의 중심에 현존하고 계시는 그분이 우리의 이름을 부르신다면 우리는 변화될 것이다. 그러면 우리는 다시 함께 우리가 예로부터의 하나의 조화 속해 있었음을 발견하게 될 것이다. 떼이야르는 이렇게 말했다. "내가 지금 통찰력을 가지고 보는 것이 바로 이것이고, 이것은 결코 나를 떠나지 않을 것이며, 이것이야말로 바로 지금의 세계가 가장 필요로 하는 것이다. 세계가 멸망하지 않으려면 말이다."19)

떼이야르는 1955년 부활주일에 뉴욕에 있는 한 예수회 사택에서 생을 마감했다. 그는 홀로 죽었고 그의 죽음은 상대적으로 덜 알려졌다. 그의 장례식에는 단 열 사람만이 참석했을 뿐이고 그가 땅에 묻힐

---

16) Teilhard de Chardin, "Cosmic Life", 111.
17) King, *Spirit of Fire*, 124.
18) Ferguson, *Daily Readings*, 68.
19) Teilhard de Chardin, *Heart of Matter*, 53.

때에는 딱 한 사람만이 그와 함께 했다. 하지만 50년이 지나 국제연합(UN)은 수천 명이 모인 가운데 이 예언자의 뜻을 기렸다. 그는 지금 우리 심장 안에서 꿈틀거리고 있는 갈망을 몸으로 살아냈고 그것이 무엇인지를 명명했다. 그리스도에 대한 헌신과 땅에 대한 헌신은 그의 통찰력 안에서는 애초부터 하나로서 오늘을 위한 새로운 영성의 탄생을 예견하고 있다. 뉴욕에 있는 그의 책상 위에서 '나의 탄원'(My Litany)이라는 제목의 기도문이 발견되었다. 이것은 그가 쓴 것이고 분명 정기적으로 그가 사용한 기도다. 이 기도문의 마지막은 이렇게 되어 있다. "예수의 심장이여, 창조세계의 심장이여, 나를 당신과 하나 되게 하소서."[20] 우리 다수는 그리스도의 사랑과 우리의 삶에서 펼쳐지는 땅의 사랑을 조금씩은 알고 있다. 하지만 우리 다수는 이 두 가지를 어떻게 함께 붙들지 알지 못한다.

뉴멕시코의 한 작은 예배당에서 나는 나머지 인류로부터 그리고 자연에 맞서 고립 속에서 치유를 추구하는 한 종교성에 대해 불편함을 느꼈다. 하지만 지금 나는 대개 깊은 신앙심과 개별적 희생으로 화려하게 장식된 그 순례자들을 위한 작은 예배당 때문에 그런 불편한 감정을 느낀 것이 아님을 깨닫는다. 나의 불편함은 그보다 훨씬 더 그리스도교 전반에 관한 것이었다. 그것은 우리가 그리스도에 대한 헌신을 땅에 대한 헌신과 통합할 수 있는 길을 찾을 수 있을지의 여부이자, 창조세계의 한 몸으로서 그리고 따로 분리된 실가닥이 아니라 하나의 인간 영혼으로서 온전함을 추구하는 길을 찾을 수 있을지의 여

---

[20] P. Teilhard de Chardin, *Comment Je Crois*(Paris: Editions du Seuil, 1969), 245. 나의 번역이다.

부에 관한 것이었다.

아마도 치마요에 있는 그 작은 예배당에서 가장 희망적이라고 할 수 있는 것은 그곳에서 가장 유명한 것, 즉 거룩한 흙이다. 만약 우리가 그리스도에 대한 우리의 사랑을 흙에 대한 우리의 사랑과 하나로 다시금 통합할 수 있는 길을 찾을 수 있다면 – 우주의 가장 기초적인 요소들을 포함한, 단지 종교적인 흙 혹은 그리스도교적인 흙이 아니라 모든 흙과 통합할 수 있는 길을 찾을 수 있다면 – 우리는 우리 자신이 새로운 탄생에 참여하고 있음을 발견하게 될 것이다. 그러면 우리의 안과 만물의 안에서 우주의 가장 깊은 조화를 다시금 듣고 있는 우리 자신을 발견하게 될 것이다. 예수의 심장이여, 창조세계의 심장이여, 우리를 당신과 하나 되게 하소서.

Christ of the Celts: The Healing of Creation

후주

    나는 지금 아이오나 섬에서 이 책의 마지막 장을 쓰고 있다. 여기는 나에게 모든 것이 시작된 곳이다. 이 섬이 새로운 출발의 장소가 된 지는 오래된 일이다. 6세기에 성 콜룸바가 스코틀랜드 선교를 시작했던 곳도 이곳이었다. 전투를 부추긴 바람에 그는 고향 아일랜드에서 참회어린 망명생활을 해야 했고 배로 이 섬에 왔다. 그리고 콜룸바는 이 작은 섬에서 한 나라의 그리스도교가 탄생할 수 있는 새로운 출발의 은총을 경험했다. 이후 많은 순례자들이 자신의 삶과 자기 국가들의 실패와 희망을 안고 이 섬에 왔고, 여기서 자신과 세계의 평화를 위해 새 출발을 했다.

    내가 켈트 그리스도교라는 잃어버린 보물에 대해 깊이 깨닫게 된 것은 1980년대 후반 아이오나 섬에서였다. 스코틀랜드 북서쪽의 헤브리디스 제도에서 발견된 고대 기도문들 중에는 특별히 『카르미나 가델리카』(*Carmina Gadelica*, 게일인들의 노래들)로 알려진 기도집

이 있는데, 여기에서 나는 수세기 동안 일출과 일몰 때 영창 되었던 기도문들, 아기의 탄생이나 사랑하는 사람들이 죽음을 맞이했을 때 복을 빌었던 기도문들, 조류(潮流)와 계절의 변화를 찬양하는 리듬의 기도문들, 그리고 씨앗을 심고 땅의 소산을 얻은 것에 대한 감사의 노래들을 담은 기도문들을 발견했다. 하지만 이 기도문들은 내가 서구 그리스도교 유산의 영향 아래 자라나면서 접한 기도문들과는 사뭇 달랐다. 기도의 맥락은 교회가 아니라 창조세계였다. 그리스도에 대한 사랑과 땅에 대한 사랑이 서로 떼려야 뗄 수 없게 하나로 엮여 있었다. 나는 이 기도문들 안에서 오늘날 우리 영혼의 여정에 필요한 숨겨진 보석을 발견했다.

아이오나 섬에서 나는 새로 지은 수도원 교회보다는 폐허가 된 수녀원 안에서 기도하는 것이 더 좋다는 걸 알게 되었다. 나 혼자만 그런 것이 아니다. 비록 역사적으로 13세기에 재건된, 남성적 영성의 장소인 베네딕트 수도원에 모든 관심이 집중되었고, 같은 시기에 지어진 여성적 영성을 대변하는 아우구스티누스 교단의 수녀원은 방치된 채 폐허가 되어 뭇 사람들의 관심을 받지 못했지만, 이제 달라지고 있다. 1980년대 후반에 내가 아이오나 섬에 처음 도착했을 때, 그 수녀원은 매주 있는 섬 순례 코스에도 포함되지 못했었다. 하지만 지금 그곳은 아이오나 순례 코스에서 아주 유명한 방문지가 되었을 뿐만 아니라, 수많은 사람들이 홀로 기도하거나 순례자 그룹들이 지구의 치유를 위해 즉석에서 예배를 드리고 노래를 부르기 위해 찾아오는 곳이 되었다. 이것은 무엇을 말해주는가? 그 수녀원이 지금 인간 여정의 중심에 대해 뭐라고 이야기하고 있는가?

수녀원은 창조세계에 자신을 열어놓고 앉아 있다. 태양 아래든 폭풍 속이든, 해맑은 아침 하늘 아래든 밤하늘의 무한한 우주공간 아래든, 수녀원에 있으면 누구든 창조세계의 원소들, 새들의 노랫소리, 폐허가 된 건물의 붉은 화강암 사이사이에서 자라나는 해란초(海蘭草) 담쟁이덩굴들, 그리고 자유롭게 부는 바람을 느낄 수 있다. 이것이 바로 숱한 사람들이 영적 여정에서 바라는 것들, 즉 영과 물질의 연관성 야생의 세계와 거룩함의 오래된 결합, 그리고 기도와 우주의 관계 안에서의 개방성이다.

그런데 수녀원은 단지 하나의 창조세계에 불과한 것이 아니다. 거기서 기도하는 것은 히스(heath, 황야에 무성하는 관목)로 가득한 들판이나 바위산 정상에서 기도하는 것과 다르다. 그 수녀원은 관계의 장소, 의식적인 공동체의 장소, 그리고 그리스도와 십자가에 헌신하는 장소였던 것이다. 그곳은 사람들이 함께 감자를 문질러 닦으며, 탄생과 죽음의 소식에 눈물을 흘리며, 그리고 이름은 알 수 없으나 사랑으로 알려진 그분에게 바치는 공동체의 영혼의 노래가 불린 곳이다. 오늘날 많은 사람들이 인류의 영적 여정 안에서 찾고 있는 것이 바로 이것이다. 그것은 관계성에 대한 꿈이며, 삶에서 기쁠 때나 고통으로 가득 찬 전환기에 나누는 공동체의 감각이며, 그리고 만물을 통해 살아계시고 현존하시는 그분에 대한 의식적 갈망이다.

하지만 수녀원은 폐허더미로 남아 있기도 하다. 그곳은 우리의 삶과 세계의 깨어짐 그리고 우리의 종교적 기관들의 실패를 비추어 준다. 그곳은 우리가 세상을 올바르게 이해하고 있지 못하며, 아직도 오늘날 나타나는 영성이 정확히 어떤 모습을 띨지 알지 못한다는 것을 분명히 말해주고 있다. 또한 서구의 문화와 영성을 이토록 불구가 되도록 만든, 여성적인 것을 무시해왔음을 다시 일러주는 곳이기도 하다. 오늘날 세계의 영적 여정 안에서 수많은 이들이 갈망하는 것도 다름 아닌 이것이다. 이것은 우리가 물려받은 제국의 종교적 유산이 무너지고 있으며, 만일 우리가 인간 영혼 가장 깊숙이 내재된 갈망을 살아 있게 만들려면 신비적인 것과 직관적인 것 그리고 땅과 관련된 여성적인 것의 향기를 회복하는 것이 절실함을 말해준다.

현대 아이오나 공동체의 창시자인 조지 맥클레오드는 폐허가 된 수녀원보다 새로 지은 수도원에 더 어울릴 법한 사람이었다. 하지만 그는 그 수도원을 다시 짓는 것이 오늘을 위한 명확한 답이라고 주장하지는 않았을 것이다. 다시 짓는다는 것은 아이오나의 대표적 영성을 재건함이 필요하다는 걸 알리는 지표에 불과하다. 하지만 우리의 삶과 관계와 공동체 안에는 새로운 탄생이 한 번 더, 또 한 번 더, 그렇게 누차 일어날 필요가 있다. 12세기에 아이오나 수도원이 다시 지어진 지 한참 후에 맥클레오드는 한 기도를 드렸는데, 그 기도는 지난 몇 년 동안 거의 매일같이 나의 기도가 되었다. 그는 이 기도문 안에서 예루살렘에 있는 성전을 향해 박진감 있게 나아가는 그리스도를 상상한다. 예루살렘 성전은 낡은 신앙을 대변하는 장소이자 동시에 새로운 상상력이 필요한 장소를 대변한다.

맥클레오드는 이 기도를 이렇게 마무리한다.

변화로 가득한 이 시대
우리에게 은총을 내리시어

성전 옆에서

오늘의 교회인 성전 옆에서 대기하며 서 있게 하소서.

메스꺼운 성전

이따금 추문에 휩싸인 성전

오늘의 교회인 성전 옆에서 대기하며 서 있게 하소서.

다시 미신적 주술처럼 들리는 것들에 이따금 귀 기울이게 하소서.

그것이 버려야 할 관습이 되게 하소서.

우리가 사는 이 시대를 위해

당신 몸의 새로운 윤곽이

우리 한가운데에서 훤히 드러날 때까지.[1]

과연 오늘을 위한 그리스도의 몸의 '새로운 윤곽'은 무엇일까? 지금 우리의 세계에서 우리의 안과 우리의 사이에 막 일어나는 새로운 영성의 탄생은 무엇인가?

지금까지 이 책에서 나는 오랫동안 켈트 전통의 특징을 이루고 있던, 사물을 보는 한 길에 관해 이야기해왔다. 이 길은 특히 그리스도를 대부분의 서구 그리스도교 유산과 다르게 보는 길이다. 이 길은 그리스도를 창조세계에 반(反)하여 오시는 분이 아니라 창조세계의 중심으로부터 오시는 분으로 보는 길이다. 그리고 그 길은 그리스도를 우리의 본성으로부터 우리를 구원하는 분이 아니라 우리를 우리의 진정한 본성으로 다시 연결하시는 분으로 보게 하는 길이다. 그런

---

[1] G. F. MacLeod, *The Whole Earth Shall Cry Glory* (Glasgow, Scotland: Wild Goose, 1985), 39–40.

데 이렇게 그리스도를 보는 길은 예수님의 애제자 요한의 글과 관점에서 영향을 받은 길이다. 요한은 켈트 세계에서 생명의 거룩한 일치라는 통찰, 만물이 하나님 존재의 중심으로부터 왔다는 식견을 대표하는 사람이다. 요한은 하늘을 나는 독수리로 상징되고 있다. 그는 마치 높은 하늘로부터 창조세계의 통일성과 모든 생명의 중심에 있는 빛이 되시는 그분을 보고 있는 것만 같다.

몇 년 전에 내가 뉴멕시코에서 집필하고 있을 때 아비꾸이우(Abiquiu) 북쪽에 있는 박스 캐니언(Box Caynon)으로 산행을 나선 적이 있다. 때는 12월 중순이었고 협곡의 일부는 낮아진 겨울 태양으로부터 직접 햇빛을 받지 못해 차갑고 하얀 지하세계처럼 보였다. 시내가 얼어 있어 하상(河床)을 따라 걸을 수 있었는데 얼음 밑으로 흐르는 물소리도 들을 수 있었다. 여기저기에 거대한 소나무들이 시내를 가로질러 쓰러져 있었기 때문에 나는 앞으로 나아가기 위해 그 나무들 위로 기어오르거나 밑으로 기어가야 했다. 그런데 내가 쓰러져 있는 소나무 고목 한 그루 밑으로 낮게 몸을 숙이는 순간, 그 거대한 나무줄기의 아래 중간쯤에서 무언가가 급히 나와 반대방향으로 움직이는 것이었다. 조용한 겨울의 협곡에서 재빨리 움직이는 어떤 생물에 의해 그만 균형을 잃었다니 참 당황스러웠다. 무서움에 껑충 뛰며 뒤돌아보았는데, 땅에서 거대한 날개가 솟구치는 것을 보기 전까지는 나는 그것이 무엇인지 도무지 알 수 없었다. 그것은 발톱에 토끼를 움켜 쥔 한 마리 독수리였다. 그 독수리는 사냥에 너무도 열중하고 있었기 때문에 내가 있다는 걸 알아채지 못했는데, 그건 나 또한 마찬가지였다. 그 독수리는 쓰러진 나무 아래로 나를 스치며 지나갔다.

하늘에 사는 강인한 피조물과 그렇게 가까이서 조우할 수 있었던 것은 유쾌한 일이었다. 하지만 내 심장박동 소리는 그것이 단지 유쾌한 일만이 아니었음을 알려주었다. 그것은 또한 두려운 일이었다. 물리적인 차원에서 나는 상상치도 못한 것에 화들짝 놀랐다. 하지만 나는 그것이 단순히 물리적 차원의 마주침, 그 이상이라는 것을 알았다. 마치 독수리의 영혼이 나를 찾아오기라도 한 듯, 나는 그 독수리와의 재회를 갈망하게 되었다. 그 독수리의 날개가 내 영혼을 스쳐지나가기라도 한 듯, 그 독수리가 보는 것을 나도 늘 보고 살았으면 하는 갈망이 생겼다.

하지만 요사이 몇 년 간 과연 독수리의 날개에 스친다는 것이 무엇을 의미하는지에 관해서 곰곰이 생각해 보았다. 그러면서 우리가 독수리의 시각과 다를 바 없던 요한의 관점을 시급히 회복해야 함이 그저 저 높은 곳에서 생명을 내려다보는 문제가 아님을 깨달았다. 지금 우리가 회복해야 하는 것은 사랑 속에서 생명의 중심 되시는 분에게 다가간 요한의 친밀함이다. 요한은 최후의 만찬 때 예수님 쪽으로 기대어 하나님의 심장박동 소리를 들었던 사람이다. 그는 말하자면 최고로 높은 봉우리에서 만물을 보고 있지만, 만물 안에 있는 하나님의 부드러운 심장고동을 듣기 위해 대지로 몸을 가까이 구부리고 있다.

그 겨울날 오후 내가 그 계곡을 걸으며 경험했던 것을 되돌아볼 때, 나는 산을 높이 오르면서가 아니라 땅에 가까이 몸을 구부렸을 때 그 독수리를 만났음을 깨달았다. 몸을 굽혔을 때 다른 존재와 만날 수 있었던 것이다. 우리가 개인적으로나 집단적으로 생명의 본질적인 통일성과 만물의 상호연관성을 볼 수 있는, 그러니까 우리가 초대받고 있는 실재에 대한 새로운 통찰은 우리 자신이 땅이나 인간 영혼의 기초에서 멀찍이 떨어져 있을 때 얻을 수 있는 것이 아니다. 그것은 거꾸로 우리가 함께 외경심을 품고 땅에 가까이 다가갈 때, 또한 우리 자신을 개방해 창조세계와 인간의 영혼 안에 있는 그분의 현존을 경탄할 때 비로소 우리 안에서, 우리 사이에서 더욱 널리 퍼진다.

내가 나와 세계의 삶에서 새로운 탄생을 기원하며 수녀원에 앉아 기도할 때 나는 나를 둘러싼 많은 나라들로부터 들려오는 숱한 소리를 의식하고 있었다. 언젠가 어떤 사람은 나에게 이렇게 외딴 헤브리디스 제도의 아이오나 섬에 있으면서 세상으로부터 진저리쳐질 정도로 차단된 그런 기분을 느낀 적은 없는지 물었던 기억이 난다. 하지만 실상은 이와 정반대다. 이 섬을 찾아오노라면 나는 이 세계와 가장 깊이 접촉한다고 느낀다. 왜냐하면 세계가 아이오나를 향해 다가오기 때문이다. 세계는 종종 자신의 고통과 갈망 그리고 활짝 열린 영혼을 가지고 이곳에 온다.

이곳 수녀원에서 있으면 내 마음 안에서 인간 영혼이 꿈틀거리는 소리가 들린다. 여기는 고대 문명의 한낱 폐허에 지나지 않을 수도 있다. 하지만 이곳은 새로운 탄생의 징조를 보여주는 자리이기도 하다. 여기 이곳을 통해 수많은 남녀의 마음과 삶 속에 일어나고 있는 것은 어떤 새로운 탄생이다. 이곳은 돌이 부서지는 곳일 수 있다. 그러나 새로운 영성의 내적 기초가 놓이는 곳이다. 모든 공동체들의 희망과 의식 안에서 나타나는 영성의 기초가 놓이는 곳이다. 이곳은 여기서 기도하는 많은 사람들 사이의 관계에 대해 정확히 정의하는 것이 불

가능한 장소일 수 있다. 하지만 우리가 잃어버린 것이 우리 모두에게 영향을 미치고 있음을 기억나게 하는 곳이기도 하다. 우리는 답이 무엇인지 모를 수 있다. 하지만 현존하시는 그분과의 연결에 대한 우리의 가장 깊은 갈망을 표현하는 것이야말로 앞으로 나아가는 데 있어서 가장 중요한 것임을 우리는 알고 있다.

아이오나의 수녀원에서 있으면 땅과 좀 더 가까운 관계 안에 살면서 기도하기를 원하는 우리의 갈망이 들려온다. 관계 안에서 함께 하는 길을 찾기를 원하는 갈망을 듣게 된다. 그리고 이 수녀원 안에서 나는 우리가 비롯된 그분과 우리 각자의 이름을 불러주시는 그분에 대한 좀 더 큰 갈망의 소리도 듣게 된다. 이런 갈망의 소리는 내 마음속에서도 들려온다. 이것들은 단지 나의 것만이 아니다. 나는 이것들이 인간 영혼의 깊은 곳으로부터 분출한다고 믿는다. 그렇다면 우리는 그것에 어떻게 응답할 것인가?

몇 년 전에 뉴멕시코의 '태양의 집'이라는 작은 영성센터가 문을 열 때, 나는 한 원주민 지도자와 함께 서로 귀 기울이는 공동체 안에서 가질 법한 대화의 모양새가 어떤 것인지 이야기를 나눴다. 내가 물었다. "내가 인류의 테이블에 가지고 나와야 할 것이 무엇입니까? 이곳에서 우리의 관계에 있어 나는 무엇을 가지고 나와야 합니까?" 그는 아주 간단하지만 매우 도전적으로 내게 답했다. "필립, 당신의 보물을 가지고 나아오십시오, 그리스도를 가지고 나아오십시오." 그리고 그가 말했다. "당신은 내가 원주민 지도자로서 내가 가진 가장 훌륭한 보물 말고 그에 못 미치는 것을 가지고 나오리라고 기대하시지는 않을 것입니다. 그런 것에 만족하시겠습니까? 그래서 말씀드립니다. 당신의 보물을 가지고 나아오십시오. 그리스도를 가지고 나아오 십시오."

나는 그리스도교 안에서 자유주의적 감수성을 가지고 있는 우리가 왜 그 테이블에 그리스도를 가지고 오는 것을 주저했는지 그 이유를 안다. 과거만 해도 그리스도는 다른 사람들의 머리를 툭툭 치며 그들은 '우리와 비슷하게' 될 필요가 있다고 말하는 데 사용되었다. 그래서 그토록 주저했음을 나는 알고 있다. 나는 또 왜 우리 중 많은 이들이 그냥 침묵으로 그 테이블에 나아갔는지 안다. 하지만 오늘날 세계의 여정 안에서 우리가 하나의 독특한 문화, 종교, 그리고 나라로서 참된 관계를 세우려 한다면, 우리는 우리의 보물을 가지고 서로에게 나아오는 방법을 찾아야 한다. 그리고 치유가 이루어지려면 우리는 경외심과 값비싼 희생을 치르려는 마음을 가지고 지금 그렇게 해야 한다. 하지만 우리가 가져오는 보물은 결코 우리만의 것이 아니다. 그것은 인간의 영혼에 속한 보물이다. 그런 의미에서 우리는 그것을 단지 제자리에 되돌려놓으려는 것일 뿐이다. "당신의 보물을 가지고 나아오십시오."라고, "그리스도를 가지고 나아오십시오."라고 그는 말했다.

내가 아이오나의 수녀원에 앉아 있을 때, 나는 그리스도교가 가진 보물을 오늘의 굶주린 세계로 가지고 나가는 것이 내가 원하는 것임을 알았다. 그런데 이제 우리는 그것을 새로운 방식으로 할 수 있다. 그 방법은 인간 정신의 배고픔에 겸허하게 귀 기울이면서 분열과 깨어짐이 아닌, 개인으로 또한 독특한 전통으로 서로 더 가까이 다가가는 방식이다. 영혼의 깊은 곳으로부터 분출하는 갈망이 있다. 그것은 그리스도교의 갈망도 유대교의 갈망도 이슬람의 갈망도 아니다. 그것은 인간의 거룩한 갈망이다. 그 갈망은 우리에게 큰 값을 치르게 할지 모른다. 하지만 그 갈망은 창조세계의 치유를 위한 갈망이다.

지은이

존 필립 뉴엘(J. Philip Newell)

시인, 학자이며 교사이다. 스코틀랜드 북서쪽 웨스턴아일스(Western Isles)의 '아이오나 수도원'(Iona Abbey) 원장을 지냈고, 지금은 뉴멕시코 고원지대의 고스트 랜치(Ghost Ranch)에 있는 '아메리카 태양의 집 영성 센터'(American Spirituality Center of Casa del Sol)에서 켈트 영성을 가르치고 있다. 태양의 집은 인간 영혼의 단일성과 창조세계의 치유를 추구하는 영성공동체이다. 뉴엘은 켈트 영성 분야에서 국제적으로 널리 인정받고 있는 학자이며, 『하나님의 심장박동 소리 듣기』(*Listening for the Heartbeat of God*), 『영원한 분의 소리』(*Sounds of the Eternal*) 등 탁월한 저서들을 발간했다. 캐나다 태생의 뉴엘은 현재 스코틀랜드교회 소속 목사로 세계 여러 곳을 순회하며 묵상모임을 인도하고 있다.
저자 웹사이트 www.jphilipnewell.com

옮긴이

장윤재

이화여자대학교 기독교학부 교수로 재직 중이며 조직신학을 가르치고 있다. 아시아기독교협의회(Christian Conference of Asia) 회장, 한국교회환경연구소 소장 등을 역임했다. 『세계화 시대의 기독교 신학』(2009), 『창조신앙, 생태영성』(공저, 2010) 등 다수의 저서와 『적을 위한 윤리』(공역, 2001), 『풍성한 생명』(공역, 2008) 등 여러 권의 역서가 있다.